U0694627

职业教育电子商务专业系列教材

ZHIYE JIAOYU DIANZI SHANGWU ZHUANYE XILIE JIAOCAI

直播运营实务

主　编 / 彭翔英

副主编 / 王杜鑫　欧德先

主　审 / 田中宝

参　编 /（排名不分先后）

冷凌云　李梅芬　梁肖霞　谢小娟

徐苑平　余起凤

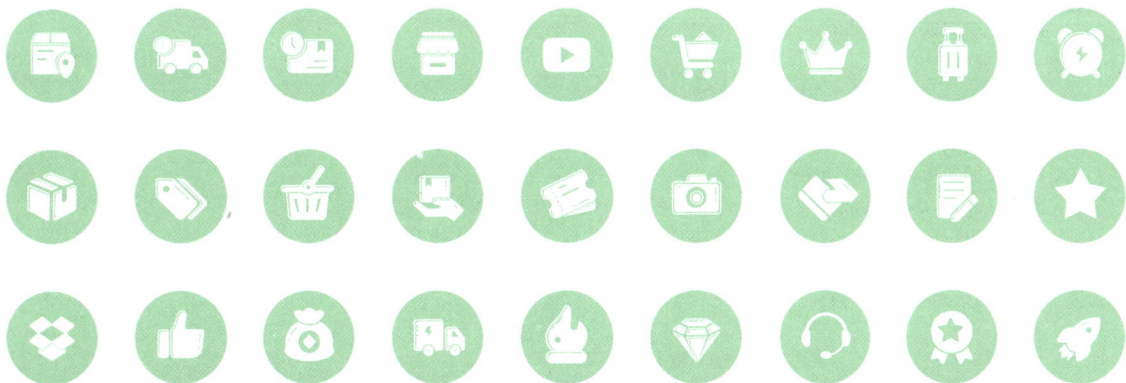

重庆大学出版社

内容提要

本书依据电商直播运营实际工作过程,结合职业资格标准要求,融合职业技能等级证书和技能竞赛内容,构建学习情境,通过分析实际工作过程,提炼典型工作任务设计学习型任务。主要内容包括 5 个工作领域:直播运营认知、直播运营调研、直播运营策划、直播运营实施和直播运营复盘。以"工作领域→工作任务"的呈现形式,强化学生职业素养养成和专业技术积累,培养能够践行社会主义核心价值观的直播电商技术技能人才。为了更好地辅助教学,本书还配套了二维码电子学习资源。

本书适合作为职业院校电子商务、直播电商服务、市场营销等商贸类专业相关课程的教材,也可作为相关技术人员自学用书及岗位培训教材。

图书在版编目(CIP)数据

直播运营实务 / 彭翔英主编. -- 重庆 : 重庆大学出版社, 2023.1
职业教育电子商务专业系列教材
ISBN 978-7-5689-3782-5

Ⅰ.①直… Ⅱ.①彭… Ⅲ.①网络营销—职业教育—教材 Ⅳ.①F713.365.2

中国版本图书馆 CIP 数据核字(2023)第 043653 号

职业教育电子商务专业系列教材
直播运营实务
ZHIBO YUNYING SHIWU
主 编 彭翔英
副主编 王杜鑫 欧德先
策划编辑:王海琼
责任编辑:王海琼 版式设计:王海琼
责任校对:谢 芳 责任印制:赵 晟
*
重庆大学出版社出版发行
出版人:饶帮华
社址:重庆市沙坪坝区大学城西路 21 号
邮编:401331
电话:(023) 88617190 88617185(中小学)
传真:(023) 88617186 88617166
网址:http://www.cqup.com.cn
邮箱:fxk@ cqup. com. cn (营销中心)
全国新华书店经销
印刷:重庆紫石东南印务有限公司
*
开本:787mm×1092mm 1/16 印张:11.75 字数:266 千
2023 年 1 月第 1 版 2023 年 1 月第 1 次印刷
印数:1—3 000
ISBN 978-7-5689-3782-5 定价:49.00元

编写人员名单

主　编　彭翔英　佛山市南海区信息技术学校

副主编　王杜鑫　佛山市南海区信息技术学校

　　　　　欧德先　榕江县中等职业学校

参　编　（排名不分先后）

　　　　　冷凌云　佛山市南海区信息技术学校

　　　　　李梅芬　东莞市理工学校

　　　　　梁肖霞　佛山市南海区信息技术学校

　　　　　谢小娟　中山市现代职业技术学校

　　　　　徐苑平　广州市旅游商务职业学校

　　　　　余起凤　东莞市电子科技学校

F 前 言
Foreword

党的二十大报告指出："加快发展数字经济，促进数字经济和实体经济深度融合，打造具有国际竞争力的数字产业集群。"新一代数字技术的突破创新、消费者需求和行为模式的变化，推动电子商务行业新业态新模式不断涌现，技术层面的广泛渗透和应用层面的深度融合，直播电商、共享经济、反向定制等新模式带来了巨大的发展机遇。尤其是直播电商行业快速发展，对人才的需求也更加迫切。

佛山市南海区信息技术学校作为广东省高水平中职学校建设单位，深入推进高水平专业群新型活页式教材开发工作，贯彻落实东西部教育对口扶黔协作工作，组织编写了本书。本书是广东省教育科学"十四五"规划 2022 年度重点课题：高水平中职学校创建背景下物流专业群人才培养模式的研究与实践，编号 2022ZQJK041 的成果。

本书对接直播电商行业发展的新知识、新技术、新工艺、新方法，打破以知识体系为线索的传统编写模式，融入创新创业教育、互联网+工具，以及理想信念、团队精神等课程思政元素，强化学生职业素养养成和专业技术积累，引导学生树立正确的人生观、价值观，落实立德树人。本书以电商直播运营为主线，依据课程标准，分为 5 个工作领域：直播运营认知、直播运营调研、直播运营策划、直播运营实施和直播运营复盘。强调各环节对直播运营操作能力的训练。本书体系设计合理、层次简洁，体现了任务驱动、工学一体的思想，通过"工作领域→工作任务"的呈现形式，设置情境，安排任务，切入典型案例分析，针对关键知识与技能点设置练习与训练，加深理解与掌握，使读者对直播运营有全面的认识与学习。

本书由彭翔英担任主编，并负责全书统筹、定稿，由王杜鑫、欧德先担任副主编。具体分工如下：工作领域一由彭翔英编写，工作领域二由王杜鑫、冷凌云编写，工作领域三由梁肖霞、徐苑平编写，工作领域四由梁肖霞、欧德先、谢小娟、余起凤编写，工作领域五由李梅芬编写。

本书共 72 学时，具体分配建议如下：

序号	工作领域	参考学时
1	直播运营认知	6
2	直播运营调研	10
3	直播运营策划	20
4	直播运营实施	28
5	直播运营复盘	8
合计		72

本书在编写过程中得到了广东省职业教育"双师型"田中宝名师工作室、佛山市南海区信息技术学校、榕江县中等职业学校、东莞市理工学校、中山市现代职业技术学校、广州市旅游商务职业学校、东莞市电子科技学校的无私帮助。产教融合企业佛山市津天联媒科技有限公司总经理王素、广州市德镱信息技术有限公司总经理殷学祖为本书的编写提供了丰富的素材。广东省职业教育"双师型"田中宝名师工作室主持人田中宝老师提供了宝贵的意见并参与了全书内容的审修,在此一并表示衷心的感谢!

为了更好地辅助教学,本书配套有电子教案、教学大纲、电子课件、习题参考答案、试卷等教学资料,可在重庆大学出版社的资源网站(www.cqup.com.cn)上下载。

由于作者水平所限,加之直播电商是一个快速发展的行业,不足之处在所难免,敬请广大读者批评指正。

编　者

2022 年 10 月

目 录
Contents

工作领域四　直播运营实施

工作领域五　直播运营复盘

工作领域一
直播运营认知

工作任务一

明确直播运营流程

任务情境

　　某直播电商公司的运营实习生小兰在她的工作日记中写道：一般人觉得主播是最稀缺的，实际上主播背后的直播团队才是最难招聘的。不仅是直播运营，包括流量投放、副播场控等都很难招聘。直播运营是一个直播团队里的灵魂人物，是随着直播行业，尤其是直播电商行业的火爆而产生的。因为这个岗位新，做过的人少，所以职业缺口大，直播运营的薪酬提升是整个行业最快的。初级的直播运营每天要做的事包括产品上下架、改价格、改库存、拉黑、禁言等，以及开播前的检查工作，包括检查网络是否通畅、灯光是否合适、产品是否准备齐全等。高级的直播运营每天要做的事就更多了，在不同的直播团队里，直播运营的工作内容会有所不同，包括内容运营、短视频脚本、主播定位、数据监控等。

任务目标

通过本任务的学习与训练，应达到的具体目标如下：

素质目标

➤ 提高学生团体的合作意识。

➤ 培养学生的创新精神、敬业精神。

知识目标

➤ 能够明确直播运营的流程。

➤ 熟知直播基本流程的阶段性工作内容。

能力目标

➤ 能熟练利用互联网搜集资料。

➤ 能够设计完整的直播运营流程。

任务书 🛒

直播基本流程包括直播前、直播中和直播后,如图 1-1-1—图 1-1-3 所示。请完成下列判断题。

```
                        市场需求选品 ──── 夏天卖围巾（        ）
            直播选品
                        商品数据选品 ──── 参考商品转化数据（        ）

                        人员 ──────────── 只需主播（        ）
直播前      人员和场地
                        场地 ──────────── 参考主题打造背景（        ）

            直播脚本策划 ──── "直播过程中"策划好即可（        ）
```

图 1-1-1　直播前基本流程

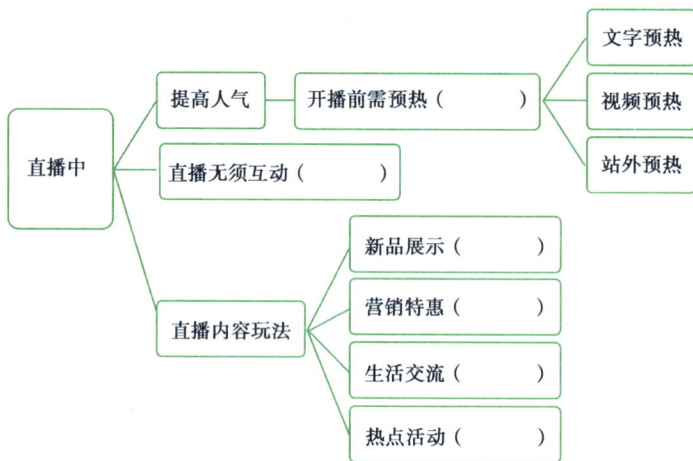

```
                                                        文字预热
            提高人气 ──── 开播前需预热（        ）────── 视频预热
                                                        站外预热
直播中      直播无须互动（        ）

                              新品展示（        ）
            直播内容玩法 ──── 营销特惠（        ）
                              生活交流（        ）
                              热点活动（        ）
```

图 1-1-2　直播中基本流程

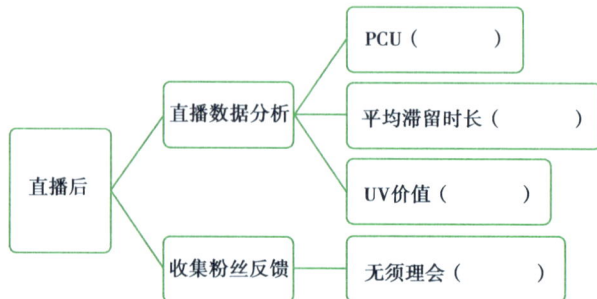

```
                              PCU（        ）
            直播数据分析 ──── 平均滞留时长（        ）
直播后                        UV价值（        ）

            收集粉丝反馈 ──── 无须理会（        ）
```

图 1-1-3　直播后基本流程

任务分组 🛒

教师须根据本任务内容对学生进行任务分配,针对图 1-1-1—图 1-1-3 完成直播前、中、后的直播流程设计任务分配。如 A 同学负责直播选品,让每位学生填写任务分配表,见表 1-1-1。

表 1-1-1　学生任务分配表

班级		组名		组长	
序号	组员	职能		任务分工明细	
1					
2					
3					
4					
5					

获取信息 🛒

引导问题 1

了解电商运营的基础知识。

引导问题 2

请在下面方框中画出直播运营的简单流程图。

传统电商
运营的概念

知识窗

1.直播电商的概念

中国电商直播起始于 2016 年,从最初以内容建设与流量变现为目的起步尝试,产业链至今逐步完整化、多元化。2020 年,电商直播在疫情、政策等多重因素的刺激下爆发式发展,头部平台持续向直播倾斜资源,直播带货几乎成为各大平台的标配。

电商直播(见图 1-1-4)是一种购物方式,在法律上属于商业广告活动。直播+电商模式是一种新的推销手段:以直播为工具,以电商为基础,通过直播为电商店家带来流量,从而达到为电商销售的目的。

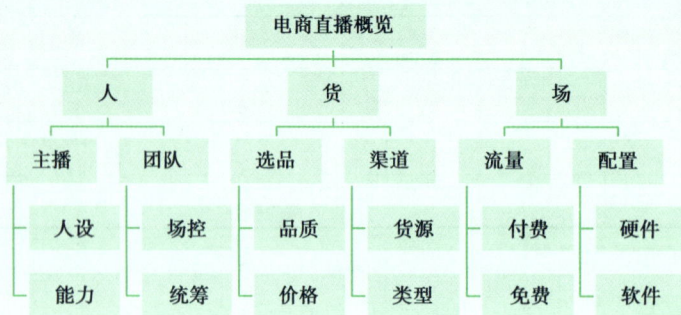

图 1-1-4　电商直播概览图

2.直播电商运营的主要工作内容

(1)负责直播内容策划,直播利益点、直播形式的创意策划等。

(2)负责主播控场,把控直播节奏,协助主播进行直播间气氛活跃等工作。

(3)负责直播后台操控,对直播数据进行统计与分析,通过数据发现问题,并持续改进与完善直播流程。

▶数据名词解释

● GMV(Gross Merchandise Volume,商品交易总额),实际指的是拍下订单金额,包含付款和未付款的部分。

● PCU(Peak Concurrent Users):最高同时在线用户数。

● ACU(Average Concurrent Users):平均同时在线用户人数。

● 平均停留时长:指访客浏览某一页面时所花费的平均时长,页面的停留时长=进入下一个页面的时间-进入本页面的时间。

● 转粉率:是指直播期间转化新粉的能力,体现的是直播间人货场对陌生用户的吸引力。转粉率=新增粉丝÷观众总数。

● CTR(Click-Through-Rate,点击率或点曝比):对于直播来说,指直播间投放广告的实际点击次数或广告的展现量。点击率越高,代表直播间内容或产品对用户的吸引力越高。

● UV 价值:UV 价值=转化率×客单价。UV 值越高,说明店铺的转化越好。UV 价值高的直播间平台会优先给予大量流量。

工作计划

查阅资料,浏览相关网页,根据不同直播规模,完成符合客户要求的直播运营流程设计,见表 1-1-2。

表 1-1-2　直播运营流程设计图

直播规模	直播运营流程设计图
小型直播间	
全景直播间	
户外直播	

讨论决策 🛒

　　小组内讨论每个同学的配置清单,分析优劣,综合每位同学的意见,确定小组的组中配置方案,完成表 1-1-3 的内容。

表 1-1-3　优化设计方案表

组内成员	遇到的难点及解决方法	优化设计方案

工作实施 🛒

　　HR 小新要求小兰根据对直播运营岗位的了解,写一个直播运营计划,不仅需要安排每天的直播工作流程,还要制订当周工作计划。根据知识窗的内容将直播运营计划写在下面的方框中。

知识窗 🛒

小兰将这几天在公司看到的直播运营流程进行了梳理,绘制出思维导图,如图 1-1-5、图1-1-6 所示。

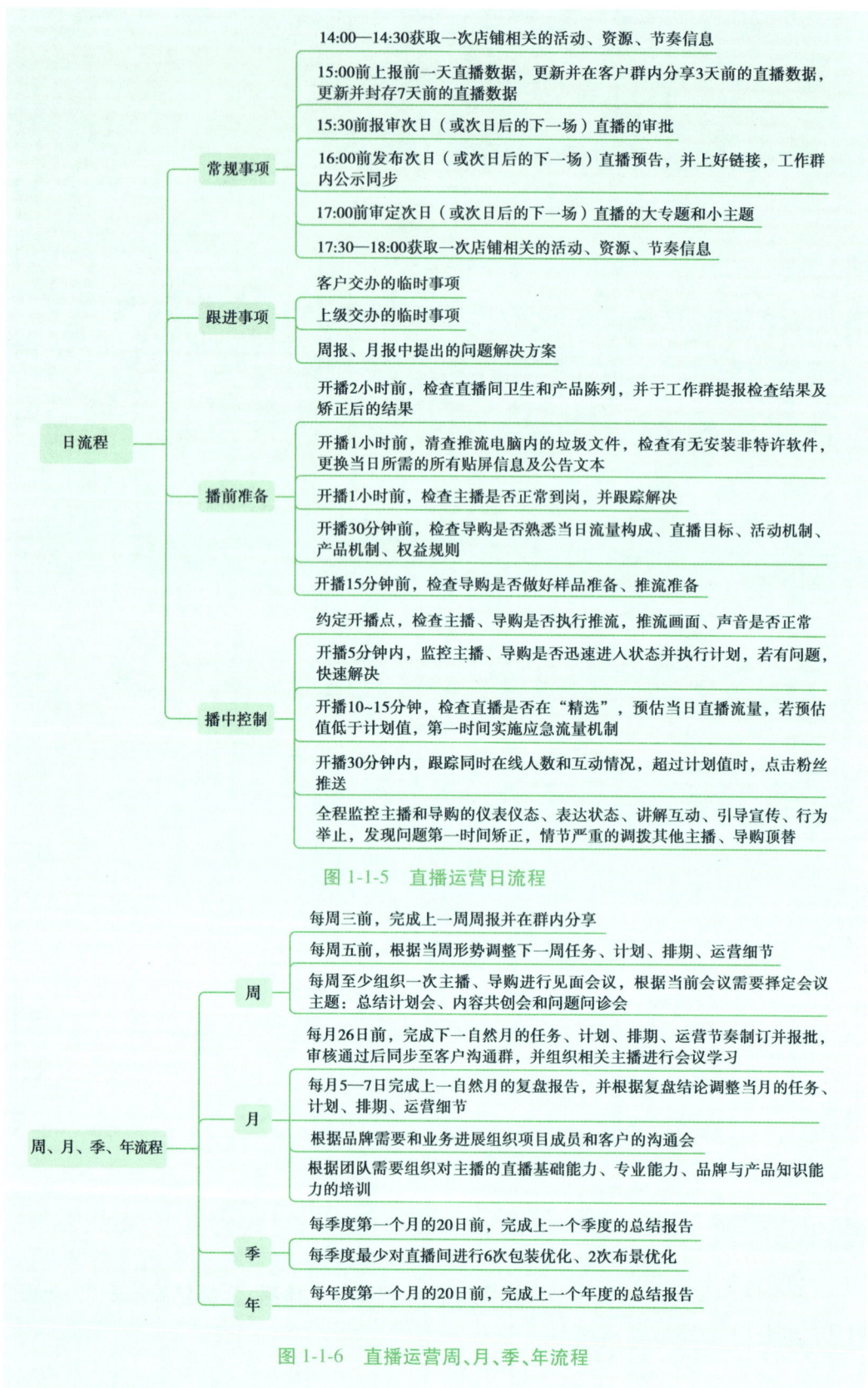

14:00—14:30获取一次店铺相关的活动、资源、节奏信息

15:00前上报前一天直播数据，更新并在客户群内分享3天前的直播数据，更新并封存7天前的直播数据

15:30前报审次日（或次日后的下一场）直播的审批

16:00前发布次日（或次日后的下一场）直播预告，并上好链接，工作群内公示同步

17:00前审定次日（或次日后的下一场）直播的大专题和小主题

17:30—18:00获取一次店铺相关的活动、资源、节奏信息

常规事项

客户交办的临时事项

上级交办的临时事项

周报、月报中提出的问题解决方案

跟进事项

开播2小时前，检查直播间卫生和产品陈列，并于工作群提报检查结果及矫正后的结果

开播1小时前，清查推流电脑内的垃圾文件，检查有无安装非特许软件，更换当日所需的所有贴屏信息及公告文本

开播1小时前，检查主播是否正常到岗，并跟踪解决

开播30分钟前，检查导购是否熟悉当日流量构成、直播目标、活动机制、产品机制、权益规则

开播15分钟前，检查导购是否做好样品准备、推流准备

播前准备

约定开播点，检查主播、导购是否执行推流，推流画面、声音是否正常

开播5分钟内，监控主播、导购是否迅速进入状态并执行计划，若有问题，快速解决

开播10~15分钟，检查直播是否在"精选"，预估当日直播流量，若预估值低于计划值，第一时间实施应急流量机制

开播30分钟内，跟踪同时在线人数和互动情况，超过计划值时，点击粉丝推送

全程监控主播和导购的仪表仪态、表达状态、讲解互动、引导宣传、行为举止，发现问题第一时间矫正，情节严重的调拨其他主播、导购顶替

播中控制

日流程

图 1-1-5　直播运营日流程

每周三前，完成上一周周报并在群内分享

每周五前，根据当周形势调整下一周任务、计划、排期、运营细节

每周至少组织一次主播、导购进行见面会议，根据当前会议需要择定会议主题：总结计划会、内容共创会和问题问诊会

周

每月26日前，完成下一自然月的任务、计划、排期、运营节奏制订并报批，审核通过后同步至客户沟通群，并组织相关主播进行会议学习

每月5—7日完成上一自然月的复盘报告，并根据复盘结论调整当月的任务、计划、排期、运营细节

根据品牌需要和业务进展组织项目成员和客户的沟通会

根据团队需要组织对主播的直播基础能力、专业能力、品牌与产品知识能力的培训

月

每季度第一个月的20日前，完成上一个季度的总结报告

每季度最少对直播间进行6次包装优化、2次布景优化

季

每年度第一个月的20日前，完成上一个年度的总结报告

年

周、月、季、年流程

图 1-1-6　直播运营周、月、季、年流程

评价反馈

序号	评价项目	分值	自我评价(30%)		教师评价(70%)	
			小结	评分	点评	评分
1	任务完成情况	10				
2	团队合作情况	10				
3	能说出电商直播运营概念和流程	30				
4	区别电商直播运营和其他直播的不同	50				
	合计	100				

任务拓展

通过本次任务的实施,同学们基本掌握了直播运营基本流程。请同学们总结和反思自己在任务实施过程中的优缺点,以及日后在优化直播运营流程时可以在哪些方面做得更好,写下自己的任务总结。

职场赋能

小丽是一个很有文采的女孩,她大学毕业后顺利地应聘到一家直播电商公司上班。虽然是试用期,但凭着出色的文笔和才能,小丽马上就被确立为公司文案部门的重点培养对象。但此时的小丽却没有认识到责任对工作的价值,她对公司提供的学习资料视而不见,只凭兴趣偶尔翻翻,根本不把这些事放在心上。当公司把一个直播服装展的形象包装与宣传项目交给她后,她的方案竟然是抄袭业内广为流传的一个著名作品。为此,老板严肃地批评她,说她拿公司的声誉当儿戏,她也承认了错误。没过多久,又有一个运动鞋的广告交由小丽负责,然而,这次她交上来的广告语居然又是早已经在各种媒体上耳熟能详的另一品牌运动鞋的广告口号。公司再也不能接受这样敷衍了事、对工作不负责任的员工了。于是,试用期结束后,小丽永远地离开了这家公司。

新时代的伟大成就是党和人民一起拼出来、干出来、奋斗出来的。同样在职场中,敬业精神是责任的一种延续,一个对工作有敬业精神的人,会把职业当作自己的使命,这样的员工是真正有责任感的员工,也会大受优秀企业的欢迎。

课后练习

一、单选题

（1）以下哪项属于直播基本流程中的直播后的工作流程？（　　）

　　A.直播脚本策划　　　　　　　　　　B.新品展示

　　C.直播互动　　　　　　　　　　　　D.直播数据分析

（2）以下哪项是指直播带货拍下订单金额，包括付款和未付款的部分？（　　）

　　A.GMV　　　　　B.PU　　　　　C.PCU　　　　　D.GPM

（3）以下哪项是每个进入直播间的人带来的收入？（　　）

　　A.GMV　　　　　B.PU　　　　　C.UV 价值　　　　　D.GPM

二、判断题

（1）直播+电商模式是一种新的推销手段：以直播为基础，以电商为工具，通过直播为电商店家带来流量，从而达到为电商销售的目的。（　　）

（2）GMV 直播带货拍下订单金额，包括付款和未付款的部分。（　　）

（3）直播运营日流程包括常规事项、跟进事项、播前准备、播中控制。（　　）

三、问答题

（1）简述直播电商运营的主要工作内容。

（2）简述单次直播的工作流程。

四、实训题

小兰的团队接到乡村振兴的直播任务，需要帮助贵州省榕江县某地区直播销售百香果。请根据所学内容，参考互联网信息，制订一个百香果直播日计划流程。

工作任务二

NO.2

组建直播团队

任务情境

经过一段时间的实习培训，小兰因"一人带货任务"数据较好被任命为小组长，组建了自己的直播小团队。为了进一步参与全面推进乡村振兴，并在后续实现高水平对外开放，合理的团队建设非常重要。小兰认为一个好的直播团队，必然离不开团结一致的奋斗目标，也离不开团队内部人员在每个岗位上各司其职。所以在团队组建上，一定要本着客观、理性的态度——不要配置过多的人员，同时也不要配置过少的人员影响工作效率。作为初始直播团队,只需要三个岗位:主播、运营、场控。如果团队表现良好,随着后续订单量激增或直播间开播时间延长,在各个岗位上进行人员增设。

任务目标

通过本任务的学习与训练,应达到的具体目标如下:

素质目标
➢ 提高学生的团体合作意识。
➢ 培养学生的自主探究意识。

知识目标
➢ 熟知直播团队的岗位职责。
➢ 明确直播团队的结构。

能力目标
➢ 能够提高学生的信息素养。
➢ 能够掌握岗位职能,组建直播团队。

任务书

请根据某新媒体公司的大型直播团队岗位招募信息,选择正确的岗位填空,并通过互联网调研,补充岗位其他信息。

大型直播团队招募信息

1. _____岗位　经验_____　薪酬_____

➢ 形象气质佳,普通话标准,面对镜头不怯场,积极阳光;
➢ 配合上级安排好的直播工作,完成直播 KPI,持续提高直播技巧,配合度高,执行力强,抗压力强;
➢ 具有传递信息和交流的概念,做到真实、自然;
➢ 思路清晰,反应快速,具备一定的临场应变和即兴发挥能力。

2. _____岗位　经验_____　薪酬_____

➢ 负责店铺运营和日常工作,产品规划及店铺数据的整理和分析;
➢ 根据公司整体策略,制订店铺运营计划,制订年度、月度目标与规划,达成业绩销售目标;
➢ 负责店铺日常运维,素材、价格信息维护及活动玩法设置,平台直播以及短视频内容的规划,推广创意及效果优化;

➤ 依据销售目标规划,制订直播及短视频的推广投放计划,跟踪日、周、月投放指标,并通过投放数据分析,实时优化推广策略,提高投资回报率;

➤ 了解平台直播管理规则和主播排名办法;

➤ 负责网络平台对外合作内容资源的策划、整合和推广,利用各种资源提高网络平台知名度和业务量;

➤ 维护日常直播间运营的秩序,配合主播完成直播内容,提高直播的流量以及直播间气氛。

3. _____ 岗位　经验 _____ 薪酬 _____

➤ 负责和带货主播搭配工作,负责直播间气氛活跃,直播节奏把控,与粉丝互动,增加粉丝黏性;

➤ 负责主持直播间运营推广活动,提升直播间转化率;

➤ 负责直播间产品的上架和下架工作,以及直播间后台数据监控和转化判断;

➤ 负责产品卖点、话术整理,直播流程优化;

➤ 普通话流利,表达具有说服力,随机应变能力强,能够应对临场突发状况。具有较强的学习能力、具备良好的职业修养和职业操守。

4. _____ 岗位　经验 _____ 薪酬 _____

➤ 负责带动直播过程中的气氛调节,直播活动介绍、抽奖等环节;

➤ 负责与粉丝互动,主动解答粉丝提出的问题;

➤ 负责直播期间辅助主播展示样品,提炼卖点;

➤ 协助主播直播,话术补充辅助,逼单、催单;

➤ 负责平日主播对接,日常数据信息记录。

5. _____ 岗位　经验 _____ 薪酬 _____

➤ 负责直播营收玩法的功能设计,包括但不限于直播 PK、互动游戏、礼物道具、概率玩法等;

➤ 了解不同层级付费用户的付费动机及诉求,并运用到实际产品功能设计中,协助参与制订产品方案并推动方案落地;

➤ 关注产品功能和内容策略的效果,推进功能和策略的持续迭代,不断提升用户转化率;

➤ 分析业务运营情况,依据数据及行业洞察、用户分析及需求挖掘对产品进行优化迭代,具备优秀的产品思维和解决方案的能力,逻辑清晰,数据分析能力强。

6. _____ 岗位　经验_____ 薪酬_____

➤ 有客户服务经验;

➤ 熟练的电脑使用技能,有一年以上电商公司售后客服经验优先;

➤ 良好的服务意识和沟通能力,积极主动,抗压能力强,有较强的情绪调节能力;

➤ 接受排班制。

7. _____ 岗位　经验_____ 薪酬_____

➤ 负责公司相关账号视频的拍摄、剪辑和图像处理、编辑、制作、美化;

➤ 负责平台剪辑账号的管理和作品发布;

➤ 具备良好的美术功底和网感,能配合个人 IP 创意需求。

8. _____ 岗位　经验_____ 薪酬_____

➤ 负责直播项目现场技术支持、相机调试、摄像机布局、灯光布局等;

➤ 负责公司直播项目对接及直播物料的整理,直播间网络及设备维护;

➤ 能熟练操作各类主流摄像机,会使用摄像机稳定器等摄影器材,能完成直播、导播、摄像等工作;

➤ 根据工作需要挑选合适的摄影设备,负责直播间的陈列、氛围布置等,以及直播间的软硬件管理;

➤ 负责公司日常信息化管理工作,为业务发展提供信息化安全技术保障。

岗位: A.拍摄剪辑　　B.主播　　　C.助播　　　D.直播运营
　　　 E.场控　　　 F.直播客服　 G.产品经理　H.直播导播

任务分组

教师需根据本任务内容对学生进行任务分配,让每位学生填写任务分配表,见表1-2-1。

表 1-2-1　学生任务分配表

班级		组名		组长	
序号	组员	职能	任务分工明细		
1					
2					
3					
4					
5					

获取信息 🛒

引导问题 1

如何提高团队成员的合作力？

引导问题 2

在下面方框中画出你心中的直播团队。

团队拓展
训练

知识窗 😀

小兰查阅信息、咨询前辈，总结出直播专业团队岗位细分，见表1-2-2。

表 1-2-2　团队岗位介绍表

团队岗位介绍			考核建议
团队	岗位	职能规划	
直播团队	直播运营负责人	直播间运营承载中枢协调作用，包括但不局限于提高直播产品、内容和用户体验等多维度的直播间优化和统筹直播复盘	直播间优化指标数据环比（UV/CER/GMV）
	直播策划	对直播内容进行策划，输出直播玩法和流程脚本	直播间互动数据
	直播风控	对整场直播进行风险管理和反黑等风险管控	直播间突发事件成功处理概率
	直播场控	实时负责直播间数据追踪，对直播间粉丝活跃负责，把控上品节奏和福利发放等，促进直播间互动指数	直播间互动数据和转化率

团队岗位介绍			考核建议
团队	岗位	职能规划	
主播团队	主播	直播核心人物,负责直播带货中各流量把控、商品介绍、直播互动、粉丝留存和促单等直播间行为引导	开播时长+GMV
	副播	在双主播形式下会存在,主要协助主播进行直播间各环节互动,包括但不局限于上品、互动答疑和福利发放等	开播时长+GMV(和单人主播直播数据对比)
	助播	直播助理,在直播中协助主播完成正常直播,包括样品更替、话术提醒、倒数氛围营造等	直播间意外事件次数
	直播经纪人	负责主播经纪合约,主导主播档期安排	主播签约率+主播外接商务合作次数
账号运营团队	账号策划	账号整体运营,包括但不局限于账号内容定位、人设IP等账号内容	账号新加粉丝数+账号投诉率
	账号风控	账号整体风控,对账号安全负责	账号违规次数
优化团队	广告投手	直播间流量广告投手	广告消耗+广告ROI
活动运营团队	活动策划和运营	对接官方活动,并自行策划相关活动方案	活动方案个数+活动效果指标
供应链团队	供应链选品	对直播间选品、商品质量和商品价格进行把控	商品动销+定价+商品好评率
商务团队	商务合作	负责达人明星资源、品牌资源、商品供应链资源和平台活动等,开展商务合作	商务合作目标达成率
设计团队	设计师	服务店铺直播和短视频等平面视觉设计	设计素材量+点击率
	美工	服务店铺做主图、详情页等电商设计	电商设计量+点击率
摄制组团队	短视频策划	观察行业内容趋势,策划短视频拍摄	短视频产量+短视频点击率+短视频完播率
	摄影	服务直播和短视频拍摄	
	后期	制作素材等后期加工服务	
	直播布景和器材	直播间布景和器材设置	直播间点击率

续表

团队岗位介绍			考核建议
团队	岗位	职能规划	
客服团队	售前	售前客户咨询服务	售前咨询好评率
	售后	售后客户咨询服务	售后咨询好评率
物流运输团队	物流	合作方物流评估,自有物流配送服务	物流时效＋物流投诉率

工作计划 🛒

查阅资料,浏览招聘网页,根据不同直播阶段,讨论、设计并组建符合直播要求的直播团队,完成表1-2-3的内容。

表 1-2-3　组建直播团队

直播阶段	直播团队成员
新手期商家	
发展期商家	
成熟期商家	
合作明星带货	

讨论决策 🙂

小组内讨论每个同学的配置清单,分析优劣,综合每位同学的意见,确定小组的组中配置方案,完成表1-2-4的内容。

表 1-2-4 优化设计方案表

组内成员	遇到的难点及解决方法	优化设计方案

工作实施

　　HR 小新要求小兰根据不同直播时期岗位团队需求,设计团队的岗位结构,做好团队招募工作。根据知识窗的内容帮小兰设计不同时期的直播团队结构并写在下面的方框中。

评价反馈 🛒

序号	评价项目	分值	自我评价（30%）		教师评价（70%）	
			小结	评分	点评	评分
1	任务完成情况	10				
2	团队合作情况	10				
3	直播团队的岗位职责	30				
4	直播团队的组建	50				
	合计	100				

任务拓展 🛒

　　通过本次任务的实施，同学们了解了直播团队的岗位职能和团队结构。请思考，个人创业开展直播带货应该做怎样的直播准备呢？

职场赋能 🛒

　　有一个著名的"木桶理论"，是指用一个木桶来装水，如果组成木桶的木板参差不齐，那么它能盛下水的容量不是由这个木桶中最长的木板来决定的，而是由这个木桶中最短的木板决定的，所以它又被称为"短板效应"。由此可见，在事物的发展过程中，"短板"的长度决定其整体发展程度。正如一个团队的整体素质高低，不是取决于这个团队最优秀分子的素质，而是取决于这个团队中最一般分子的素质一样。如果我们在团队中忽视对一般员工的激励，很容易挫伤团队的士气，从而使"明星员工"的才能与团队合作两者间失去平衡。我们需要多关注普通队友，特别是对"短板队友"要多一些鼓励，多一些赏识。作为团队的一分子，我们更应该不断学习，提升自己的技能，弥补团队短板。

课后练习 🛒

一、单选题

（1）以下哪项属于直播策划的工作职责？（　　　）

　　A.直播间运营承载中枢协调作用

　　B.对整场直播进行风险管理和反黑等风险管控

　　C.对直播内容进行策划，输出直播玩法和流程脚本

D.在直播中协助主播使直播顺利进行

（2）以下哪项属于主播的工作职责？（　　　）

A.直播间运营承载中枢协调作用

B.负责直播带货中各流量把控、商品介绍、直播互动、粉丝留存和促单等直播间行为引导

C.对直播内容进行策划，输出直播玩法和流程脚本

D.在直播中协助主播去完成正常直播

（3）以下哪项岗位属于主播团队？（　　　）

A.直播运营负责人　　　　　　　　B.直播策划

C.直播场控　　　　　　　　　　　D.直播经纪人

二、判断题

（1）直播风控对部分直播进行风险管理和反黑等风险管控。　　　　（　　　）

（2）供应链选品是对直播间选品、商品质量和商品价格进行把控。　（　　　）

（3）客服团队包括售前和售后。　　　　　　　　　　　　　　　　（　　　）

三、问答题

（1）简述主播的主要工作职责及岗位要求。

（2）简述成熟期商家应该如何组建直播团队。

四、实训题

响应党的"绿水青山就是金山银山""推动绿色发展，促进人与自然和谐共生"的号召，小兰想在直播间开展废旧衣物回收活动，因为是新手初入直播，请帮她设计直播团队结构。

工作领域二
直播运营调研

工作任务一

调研直播市场

任务情境

"女性达人和男性达人哪一个更受欢迎？""什么类目适合直播？""哪些人在看直播？"一系列问题出现在实习生小兰的脑海里。她发现，直播并非想象那么简单，开通直播前还有很多未知的数据需要了解，特别是做运营工作，需要先了解直播市场和用户需求，才能更有效地开展直播活动。师傅告诉小兰："'需求＝被满足'，我们要想办法'满足'用户的需求；'调研＝调查研究'，我们要客观做好调查，并在需求分析阶段获取有效数据。需求调研是通过观察、访谈和体验等方式，探究事物本质的过程。"

任务目标

通过本任务的学习与训练，应达到的具体目标如下：

素质目标
➤ 提高学生的自主探究意识。
➤ 培养学生透过现象看本质、坚持寻求真理的精神。

知识目标
➤ 能够明确市场调研的流程。
➤ 熟知直播市场调研的方法。

能力目标
➤ 能利用互联网搜集资料。
➤ 能够设计调查问卷并开展数据采集。

任务书 🛒

小兰的师傅给了小兰一份用户需求调研手册,与小兰一起学习该手册,总结市场调研的流程。

市场调研手册

1.分析阶段

明确目标:

市场调研的第一步需要明确调查目的和验证方向,保障在接下来的流程里对信息的收集和验证有明确的范围限制,以提升信息的有效性。

背景分析:

在正式的市场调研展开前,须对项目背景以及相关行业进行初步的了解和分析,平衡调研时间、数据可得性、调研投入成本等信息后,确定是否进一步调研,如果项目不具备明显的价值就应及时放弃,以减少成本投入。

非正式调研常用的方法是收集二手资料或进行小范围的集中座谈讨论等,即调研人员应尽可能收集各种相关资料,并咨询企业内、外部对此问题有丰富经验及较深研究的专家、学者;同时,也可从消费者或调研对象身上收集相关资料,以便明确调研问题。

2.计划阶段

调研计划:

调研计划是确保整个流程流畅进行的一个不可或缺的环节。需要根据现有资源去制订调研计划方案,主要包括设计调研方案、选择调研方法、明确样本及抽样方法。

设计调研方案:

调研方案的设计是为实现调研目标而制订调研计划书,是调研项目实施的行动纲领,为回答具体问题提供了框架结构,保证了调研工作的顺利进行。一份完整的调研方案通常包括确定资料来源、设计具体的调研内容、设定调研的时间表、确定调查对象和调研人员、说明调研预算。由于不同类型调研方案的侧重方面不同,因此,设计调研方案的首要任务就是确定本项调研是探索性调研、描述性调研或因果性调研。

(1)探索性调研设计。是指在没有特定的结构并且是在非正式的方法下进行的调研设计,通常被用于深入了解并界定问题或追踪和寻求市场机会。通常,当人们无法确定某一问题时,往往借助此法界定问题;或大规模调查之前,凭借此法将问卷更加精确、细化。常用方法有小样本调查、专家咨询法、座谈会法、个人访谈等。

（2）描述性调研设计。是指以描述研究对象的特征、功能、属性等为目的而进行的调研设计，研究范围包括研究对象的态度、行为、对企业的评价，以及竞争者的一些基本情况。这种设计方法侧重于应用一系列的调查问题来描述被调查者的行为及心理特征。描述性调研通常以大样本为基础，同时要求调研人员对所研究问题有很大程度的了解，并对所需信息有清楚的定义。常用方法有二手资料法、问卷法、观察法等。

（3）因果性调研设计。是指通过多种因素的研究来确定问题产生的原因而进行的调研设计。调研人员需要考察一个变量是否影响另一个变量，以及变量之间是否存在某种相关关系。

选择调研方法：

营销调研的主要方法有问卷法、访问法、观察法、实验法。调研者需根据调研项目所需来选择。

选择抽样方法并设定样本容量：

（1）随机抽样。是指调查对象总体中每个部分都有同等被抽中的可能，是一种完全依据机会均等的原则进行的抽样调查，被称为一种"等概率"。具体包括4种方法：①简单随机抽样，是指以每个个体为抽样单位，并使每个个体被抽出的概率相等的抽样方式；②等距抽样，是指将总体中的个体按照某种顺序排队，随机抽出某一位置的个体，并顺着某个方向等间隔地选取其他个体；③分层抽样，是指将总体中的个体按某种特征分为若干类，使得每类内部相差不大，类与类之间差异较大，然后在每一类中随机抽取若干个体构成样本；④整群抽样，是指将总体按照地域标志或其他标志分成若干个内部差异很大但相互之间差异很小的群体，然后在每一群体中随机抽取若干个体构成样本。

（2）非随机抽样。是指从总体中非随机地选择特定的个体，每个个体被选中的机遇未知，也不能用概率表示。具体包括4种方法：①任意抽样，是指调研人员随机抽取一些个体作为样本；②雪球抽样，是指要求被调研者提供其他可能回答问题人的名单供调研者使用；③判断抽样，是指调研人员根据对总体及个体情况的了解，凭借主观判断选择有代表性的个体构成样本；④配额抽样，是指调研人员根据一定的标准确定样本个体数的配额，然后按照配额主观判断抽出一定数额的个体构成样本。

（3）设计样本容量。在选定抽样方法之后就要根据抽样特点确定样本的容量。可以使用5种方法：①教条式方法，即以调研人员的经验确定样本容量；②约定式方法，即认为某一个"约定"或某一数量为正确的样本容量；③成本基础法，即将成本视为样本容量的基础；④统计分析法，即为了确保样本可信度或统计结果的正确性而确定最小的样本容量；⑤置信区间法，即运用置信区间、抽样分布等概念创建一个有效的样本。

3.实施阶段

（1）数据采集

调研设计正式确定之后，根据调研设计进行数据采集工作，一般可以采取人员采集和机器记录两种数据采集方式。人员采集是指调研人员对现有的文案资料进行收集和调查；或通过访问、填写问卷等方式直接与被调查者交流并收集信息；也可通过观察被调查者而收集相关资料；机器记录主要是采用扫描数据的方式收集信息。数据采集通常分为两个阶段：前测阶段和主题调研阶段。前测阶段是指使用子样本判断主体调研的数据采集计划是否合适；主题调研阶段是指正式进行大规模的调研。

（2）数据处理与分析

通常所采集的数据大多是分散、零星甚至是不准确的，因此，首先对所采集的数据进行加工处理，形成系统化、规范化、符合客观规律的资料，具体分为4个步骤：第1步，将数据资料分类，即按数量、时序、地域、质量分组；第2步，编校，即审查、验证数据是否正确，修订或剔除不符合实际的数据；第3步，数据编码及录入，即为每一个问题及答案赋予一个数值代码，并将其录入计算机；第4步，编制图表，即列示每一种答案出现的次数，形成所有资料的数据库。

其次，对数据进行分析，即运用统计分析技术对数据进行分析，并由此描述和推断总体特征，揭示事物内部关系。常用的分析技术包括：①描述统计，即对数据资料进行概括，解释现象的集中趋势和离散趋势；②参数估计，即利用样本信息推断总体参数的置信区间；③相关和回归分析，即研究两个或两个以上变量之间的相关关系，亦即针对多个变量进行分析。

4.结论阶段

（1）撰写调研报告

调研报告是调查结束后的书面成果汇报，提出结论性意见及建议。调研报告通常包括3种形式：数据型报告（提供调查所得的数据）、分析型报告（提供数据并进行分析）、咨询型报告（不仅提供数据、分析结果，并在此基础上提供咨询方案）。调研报告包括三方面内容：前言、主体、附件。

（2）跟踪反馈

为了更好地履行调查工作的职责，调研人员应持续关注市场变化情况，跟踪调查、总结经验，不断提高调研水平。主要包括的内容：首先，检验调研方案是否符合实际；其次，总结调研过程中成功和失败的经验教训；最后，确定是否存在尚未解决的问题。

任务分组

教师需根据本任务内容对学生进行任务分配,让每位学生填写任务分配表,见表 2-1-1。

表 2-1-1 学生任务分配表

班级		组名		组长	
序号	组员	职能	任务分工明细		
1					
2					
3					
4					
5					

获取信息

引导问题

根据任务书,梳理并绘制市场调研流程图。

知识窗

▶数据名词解释

定性调查法：指从定性的角度，对所研究的对象进行科学抽象、理论分析、概念认识等，而不对研究对象进行量的测定。在细节的描述和深度的挖掘上具有一定优势。

定量调查法：对一定数量的有代表性的样本，进行封闭式（结构性的）问卷访问，然后对调查的数据进行计算机的录入、整理和分析，并撰写报告的方法。定量调查法的优势是结果可以量化且精度高，受调查人员主观影响小。

问卷法：问卷法是指通过制订详细周密的问卷，要求被调查者据此进行回答以收集资料的方法。调研人员借助这一工具对社会活动过程进行准确、具体的测定，并应用社会学统计方法进行量的描述和分析，获取所需要的调查资料。

访问法：访问法是通过访员与调查对象接触，收集有关资料的社会调查方法。采用访问法，可以对某一主题或某一方面情况进行调查、搜集资料，还可以在访前不做具体限定，而在与被访者的晤谈过程中捕捉有用的信息，确定访问的具体内容。

观察法：观察法是指研究者根据一定的研究目的、研究提纲或观察表，用自己的感官和辅助工具去直接观察被研究对象，从而获得资料的一种方法。科学的观察具有目的性和计划性、系统性和可重复性。

问卷星的
使用方法

实验法：实验法是指在既定条件下，通过实验对比，对市场现象中某些变量之间的因果关系及其发展变化过程加以观察分析的一种调查方法。例如 A/B 测试，即随机向用户显示变量的两个或多个版本，并使用统计分析来确定哪个变量更适合给定的转化目标。

工作计划

查阅资料，浏览相关网页，请根据不同角度分析直播市场调研需要获取哪些相关信息，完成表 2-1-2 的内容。

表 2-1-2　调研分析表

调研方向	获取信息
用户分析	
产品分析	

讨论决策

小组内讨论每个同学的配置清单,分析优劣,综合每位同学的意见,确定小组的组中配置方案,完成表 2-1-3 的内容。

表 2-1-3　优化设计方案表

组内成员	遇到的难点及解决方法	优化设计方案

工作实施

HR 小新要求小兰选择一个熟悉的产品,进行一次用户需求调研,请根据知识窗的内容将自选产品的用户需求调研报告写在下面的方框中。

知识窗

调研报告提纲

1.项目背景和调研目的

2.调研对象和调研范围

3.调研方法

4.调研内容和行业

5.调研计划,经费预算和时间安排

6.调研总结(产品定义、产品规划、项目成本、商业价值)

7.风险评估

评价反馈

序号	评价项目	分值	自我评价(30%)		教师评价(70%)	
			小结	评分	点评	评分
1	任务完成情况	10				
2	团队合作情况	10				
3	绘制调研流程图	30				
4	撰写用户需求调研报告	50				
	合计	100				

任务拓展

通过本次任务的实施,同学们掌握了直播市场调研基本流程。请同学们总结和反思自己在任务实施过程中的优缺点,以及日后在做直播调研市场时可以从哪些方面做得更好,写下自己的任务总结。

职场赋能

某个直播电商公司请来了一批人,参加他们的新品调研,帮助准备上市的新品做分析。其中在访谈的时候,大部分人表示黄色外观的游戏机比黑色的游戏机更吸引人。然而在调研结束的时候,项目负责人让他们在黄色和黑色两个产品之间选择一款产品带走时,结果是选择黑色外观的产品的人更多。在调研中,经常会出现"用户嘴上说的可能并不是内心真正的想法"的现象。如何透过现象看本质呢?20世纪80年代,某地区受酸雨影响损坏严重,于是请了一家咨询公司来调查。下面是顾问公司与大楼管理人员的一段对话。

问:为什么纪念馆受酸雨影响比别的建筑物更严重?(1问为什么)

答:因为清洁工经常使用清洗剂进行全面清洗。

问:为什么经常清洗?(2问为什么)

答:因为有许多鸟在此拉屎。

问:为什么会有许多鸟在此拉屎?(3问为什么)

答:因为这里非常适宜虫子繁殖,这些虫子是鸟的美餐。

问:为什么这里非常适宜虫子繁殖?(4问为什么)

答:因为里面的人常年拉上窗帘,阳光照射不到里面,阳台和窗台上的尘埃非常适宜虫子繁殖。

最终解决办法就是:拉开窗帘——问题迎刃而解。

凡事多问几个为什么,先归纳再抽象,对现象背后的底层逻辑做出大胆的假设并小心求证,坚持的人总会找到真实的问题所在。

同时,在未来的发展中,我们要坚持绿水青山就是金山银山的理念,减少环境污染,深入推进环境污染防治,积极稳妥地推进碳达峰、碳中和,让酸雨问题不再出现。

课后练习

一、单选题

(1)从定性的角度,对所研究的对象进行科学抽象、理论分析、概念认识等,而不对研究对象进行量的测定指的是(   )。

A.定量调查法　　B.问卷法　　　　C.访问法　　　　D.定性调查法

(2)首先对一定数量的有代表性的样本进行封闭式(结构性的)问卷访问,然后对调查的数据进行计算机的录入、整理和分析,并撰写报告的方法指的是(   )。

A.定量调查法　　B.问卷法　　　　C.访问法　　　　D.定性调查法

(3)通过访员与调查对象接触,收集有关资料的社会调查方法指的是(   )。

A.定量调查法　　B.问卷法　　　　C.访问法　　　　D.定性调查法

(4)以下哪个不属于抽样方法中设定样本容量的方法?(   )

A.随机抽样　　　　　　　　　　B.非随机抽样

C.定量抽样　　　　　　　　　　D.设计样本容量

(5)营销调研的主要方法不包括(   )。

A.问卷法　　　B.聊天法　　　　C.观察法　　　　D.实验法

二、判断题

(1)调研报告是调查结束前的书面成果汇报,提出结论性意见及建议。　　(   )

(2)跟踪反馈主要包括的内容:首先,检验调研方案是否符合实际;其次,总结调研

过程中成功和失败的经验教训;最后,确定是否存在尚未解决的问题。 （　　）

(3)在观察法中,科学的观察具有目的性和计划性、系统性和可重复性。 （　　）

三、问答题

(1)简述直播市场调研需要获取哪些相关信息。

(2)简述市场调研的流程。

四、实训题

"推进文化自信自强,铸就社会主义文化新辉煌"激励着小兰想为增强中华文明传播力、影响力做出自己力所能及的贡献,小兰想知道职业院校学生群体中,有多少人不知道中国传统四大发明是什么,请帮助小兰做一份电子调查问卷。

NO.2

工作任务二

分析用户行为

任务情境

小兰的实习主管带着她完成了直播市场调研后,布置了一项任务:我们都知道运营的三大基本要素是"人、货、场",现在我们完成了直播市场的调研,接下来你可以根据在学校学习的知识,对"人"这个要素进行分析和调研吗? 小兰接到任务后,开始着手翻阅资料,思考该如何分析用户行为。

任务目标

通过本任务的学习与训练,应达到的具体目标如下:

素质目标

➢ 提高学生自主学习的能力。

➢ 培养学生保护用户隐私的职业意识。

知识目标

➢ 能够明确分析用户行为有效数据。

➢ 熟知用户行为分析的方法。

能力目标

➢ 熟练分类整理用户数据。

➢ 能够利用不同的方法分析用户行为,并撰写简单的分析报告。

任务书

以坚持问题导向为原则，想要利用直播后台数据分析用户行为，首先需要对数据进行分类整理。请在图 2-2-1 中完成连线题。

基本数据	观看时长
	粉丝等级
	最后观看时间
消费数据	客单价
	粉丝姓名
	购买商品数量
行为数据	购买商品SKU
	最后购买时间
	关注直播间情况

图 2-2-1　用户数据分类

任务分组

教师需根据本任务内容对学生进行任务分配，让每位学生填写任务分配表，见表 2-2-1。

表 2-2-1　学生任务分配表

班级		组名		组长	
序号	组员	职能	任务分工明细		
1					
2					
3					
4					
5					

获取信息

引导问题 1
查阅信息，自由学习 RFM 模型分析。

引导问题 2
在下面方框中画出客户信息表。

客户信息表的制作方法及模板

知识窗

RFM 模型

RFM 模型是衡量客户价值和客户创造利益能力的重要工具和手段。在众多的客户关系管理的分析模式中，RFM 模型是被广泛提到的。该模型通过一个客户的近期购买行为、购买的总体频率以及花了多少钱三项指标来描述该客户的价值状况。

该模型的三项指标含义如下：

● 最近一次消费（Recency）：指上一次购买的时间。上一次消费时间越近的顾客应该是比较好的顾客，对提供及时的商品或是服务也最有可能会有反应。

● 消费频率（Frequency）：指顾客在限定的期间内所购买的次数。最常购买的消费者，忠诚度也最高。

● 消费金额（Monetary）：指顾客在最近一段时间内购买商品所花费的金额。一般来说，直播间 80% 的利润来自 20% 的顾客，消费金额越高的顾客越值得维护。

▶数据名词解释

- **行为事件分析**：分析用户在观看直播时的行为事件，例如点赞、评论、分享直播间等。
- **留存分析**：用户在首次观看直播后，经过一段时间仍旧关注并观看直播。
- **SKU 销售分析**：统计每款商品的每个 SKU 在指定时间段的销售情况，从而了解用户的喜好、特征等。
- **页面点击分析**：对用户在直播间商品详情页的查看、加入购物车等行为进行分析。
- **用户画像分析**：用户的特征，例如性别、年龄、爱好、活跃度、点赞量，等等。

工作计划

查阅资料，浏览相关网页，请根据不同的分析方法，完成表 2-2-2 用户行为分析的要点。

表 2-2-2　用户行为分析的要点

分析方法	用户行为分析的要点
用户画像分析	
留存分析	
页面点击分析	
SKU 销售分析	
行为事件分析	

讨论决策 🛒

小组内讨论每个同学的分析要点,分析优劣,综合每位同学的意见,确定小组的组中配置方案,完成表 2-2-3。

表 2-2-3　优化设计方案表

组内成员	遇到的难点及解决方法	优化设计方案

工作实施 🛒

实习主管发给小兰一份用户数据,要求小兰撰写一份用户行为分析报告。请根据知识窗的内容,结合二维码的素材,将用户行为分析报告撰写在下面的方框中。

用户数据

知识窗

小兰将学习到的用户行为分析进行了梳理,绘制出思维导图,如图 2-2-2、图 2-2-3 所示。

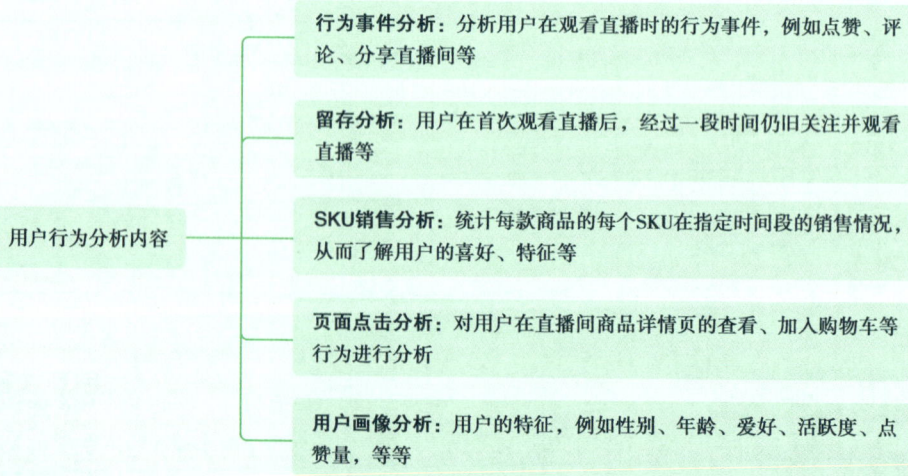

图 2-2-2　用户行为分析内容

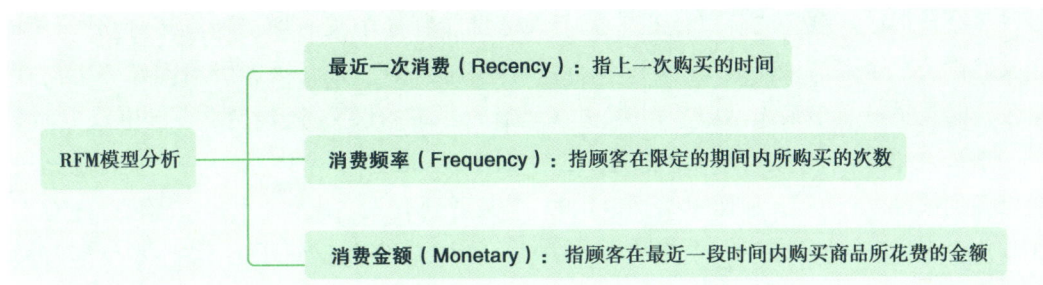

图 2-2-3　RFM 模型分析

评价反馈

序号	评价项目	分值	自我评价（30%）		教师评价（70%）	
			小结	评分	点评	评分
1	任务完成情况	10				
2	团队合作情况	10				
3	能分辨分析用户行为有效数据	20				
4	能说出分析用户行为的方法	20				
5	撰写简单的用户行为分析报告	40				
	合计	100				

任务拓展

通过本次任务的实施,同学们掌握了使用 RFM 模型分析用户行为的方法。请同学们思考并查阅还有哪些分析用户行为的方法。

职场赋能

2022 年 4 月,顺义法院审结北京市首例侵犯公民个人信息刑事附带民事公益诉讼案件。被告李某因买卖 900 余万条个人信息,被顺义检察院提起侵犯公民个人信息刑事附带民事公益诉讼。顺义法院以侵犯公民个人信息罪判处李某有期徒刑三年;此外,判处李某赔偿公民个人信息损失 106 859.84 元,删除存储信息,并在国家级新闻媒体上向社会公开赔礼道歉。李某表示服从判决,并主动履行民事赔偿义务,该判决现已生效。

李某自 2018 年开始自学暗网技术,在参与网络赌博输了不少钱之后,李某就想办法快点赚到钱翻本。一天,在浏览暗网论坛时,李某看到有人在出售公民个人信息,还有人在收购个人信息,他便产生一个想法:"有人卖、有人买,那我就转手倒卖,岂不就能轻松赚钱了?"

李某马上开始了"行动"。首先他通过暗网,使用虚拟货币在卖家处购得了个人信息,包括公民的姓名、手机号、身份证号,以及网贷、网购等信息,自己分类梳理后,再卖给收购的人赚取差价。

第一次得手后,李某感到这不失为一条"致富捷径",内心的贪婪被无限放大,继续从事这项"违法买卖"。经查,从李某涉案笔记本电脑中批量查获的公民个人信息共计约 900 万条,其违法所得十余万元。法网恢恢,疏而不漏。最终,李某因触犯法律得到了应有的惩罚。

用户信任我们,选择了我们,作为一名合格的、有职业素养的职业人,在处理用户信息上必须谨慎、小心,不得随意泄露、出售用户信息,这样既守住了法律的红线,也守住了我们做人的底线。用心、真诚地对待每位客户,共同守护用户隐私安全。

课后练习

一、单选题

(1)以下属于消费数据分析范畴的是(　　)。

　　A.粉丝等级　　　　　　　　　　B.粉丝姓名

　　C. 购买商品数量　　　　　　　　D.观看时长

(2)以下对消费频率理解正确的是(　　)。

　　A.直播间粉丝忠诚度与消费频率无关

　　B.消费频率指的是客户在本场直播中所购买的消费总金额

　　C.消费频率的考察期间仅限于本场直播

　　D.消费频率是指顾客在限定的期间内所购买的次数

(3)以下属于用户画像分析范畴的是(　　)。

　　A.直播间评论互动　　　　　　　B.观看市场

　　C.加入购物车行为　　　　　　　D.性别

二、判断题

(1)消费金额是指顾客在最近一段时间内购买商品所花费的金额。　　　　(　　)

(2)用户观看直播时长属于消费数据。　　　　　　　　　　　　　　　　(　　)

(3)用户行为分析只是简单地分析用户在观看直播时的行为。　　　　　　(　　)

三、问答题

(1) 简述用户行为分析的要点。

(2) 简要列举用户行为分析报告提纲。

四、实训题

用户行为分析是一个复杂的过程,并不是一个简单的模型分析就能够科学地掌握用户行为的内在规律。请同学们利用互联网搜索,并学习其他的用户行为分析的方法,归纳总结其作用及应用场景。

NO.3

工作任务三

开展直播选品

任务情境 🛒

完成了分析用户行为的任务后,小兰想,接下来应该就是"人、货、场"中的"货"了,可是该怎么开展直播选品呢?是按照粉丝需求选品,还是按照主播喜好来选品呢?她决定提前做一些功课,尝试一下课本中学习到的直播选品的方法。

任务目标 🛒

通过本任务的学习与训练,应达到的具体目标如下:

素质目标

➢ 提高学生自主探究的能力。

➢ 培养学生诚信经营的品质。

知识目标

➢ 明确直播选品的四个维度。

➢ 熟知开展直播选品的六个步骤。

能力目标

➢ 熟练对直播商品进行分类、布局。

➢ 能够利用直播选品的步骤开展直播选品。

任务书 🛒

通过查阅资料,小兰了解到,首先直播选品是一个由点到面的过程,选品前需要对直播间的定位、目标受众有一个全面的、系统的认知，坚持系统观念的原则。其次，从品牌、产品、价格、用户这四个维度进行具体的选品操作。请在图 2-3-1 中完成连线题，对直播选品四个维度的内容进行匹配。

品牌维度	标品/非标品
	刚需/非刚需
	品牌知名度
产品维度	价格差、优惠力度
	用户画像、使用场景
	品牌产地
价格维度	赠品/大礼包
	消费能力、兴趣爱好
	品牌供应
用户维度	新品/爆款
	属性/性能/品质/服务

图 2-3-1 直播选品的四个维度

任务分组

教师需根据本任务内容对学生进行任务分配，让每位学生填写任务分配表，见表 2-3-1。

表 2-3-1 学生任务分配表

班级		组名		组长	
序号	组员	职能	任务分工明细		
1					
2					
3					
4					
5					

获取信息

引导问题 1

查阅信息，自由学习直播选品的六个步骤。

拓展阅读：
"种草"营销

引导问题 2

在下面的方框中画出直播选品的步骤流程图。

知识窗

▶数据名词解释

- **标品**：能规格化、工业化大批量生产的产品。例如电脑、手机等。
- **非标品**：没有明确的型号、规格区分的产品。例如服装等。
- **剧透款**：也可称为直播预告款，用来吸引用户进入直播间。
- **宠粉款**：用于回馈直播间粉丝，留住观看直播间粉丝的产品。
- **爆款**：流量高、转化高、销量高的商品。
- **利润款**：为直播间带来大部分利润的商品。
- **特供款**：品牌直播间专供的商品，营造稀缺感。

直播选品的六个步骤

步骤1：根据用户需求确定品类细节。

选品的第一步是要根据用户需求确定选品的细节。例如，对于服装类商品，用户偏爱什么风格、什么颜色、什么用途的服饰等。

步骤2：查看法律风险。

对于某些商品品类，直播间是不允许销售的，直播团队应注意规避。例如，美瞳，已于2012年被列入第三类医疗器械用品，不允许在直播间销售。

另外，对于涉嫌抄袭原创设计品牌的商品，如果直播间上架销售，会影响主播和直播团队的声誉。因此，对看起来像爆款的商品或自称独家设计的商品，直播团队要注意审查是否会涉及侵权。

步骤3：查看市场数据。

直播团队在选品环节，要注意查看的数据是具体商品的"直播转化率"，即了解商品销量和商品关联直播访问量的对比。这个数据能够帮助直播团队判断目标商品的市场需求有多大。

步骤4：了解商品相关专业知识。

选品的第4步是了解商品所属领域的知识。一方面，在竞争激烈的市场环境中，直播团队只有尽可能多地了解目标商品所属领域的专业知识，才可能把握商品的生命周期，在有限的时间内挖掘出商品的全部信息。另一方面，在当前市场几近透明的状态下，如果直播团队对商品有较强的专业认知，即使所销售的商品在直播平台竞争激烈，也能赢得用户的信任和支持。

步骤5：精挑细选，反复甄选。

选品的第5步是反复且细致地甄选。根据二八法则，20%的商品一般能带来80%的销量。直播团队的甄选目标是要尽可能地发掘出畅销的20%的商品。在这个筛选过程中，直播团队的专业程度决定了筛选结果。

步骤6：品类升级优化。

任何一款商品都是有生命周期的。在直播间，今天的爆款商品，明天或许会被市场淘汰；今天发现的新品，明天或许就会被其他直播间跟风销售。对于直播团队来说，爆款商品被淘汰、"被跟风销售"是无法避免的。因此，直播团队在获得用户支持之后，要及时地进行品类升级优化。

工作计划

查阅资料，浏览相关网页，请根据选品思维和六个步骤，在表2-3-2中完成直播选品规划和布局。

表 2-3-2　直播选品规划和布局

选品	规划和布局
剧透款	
宠粉款	
爆款	
利润款	
特供款	

讨论决策

　　小组内讨论每个同学的选品规划与布局,分析优劣,综合每位同学的意见,确定小组的组中配置方案,完成表 2-3-3。

表 2-3-3　优化设计方案表

组内成员	遇到的难点及解决方法	优化设计方案

工作实施

实习主管告诉小兰,接下来为助力乡村振兴,直播间准备做一场国货日用品促销专场。请根据知识窗,完成此次直播选品。

知识窗

小兰将学习到的直播选品思维与步骤进行了梳理,绘制出思维导图,如图 2-3-2、图 2-3-3 所示。

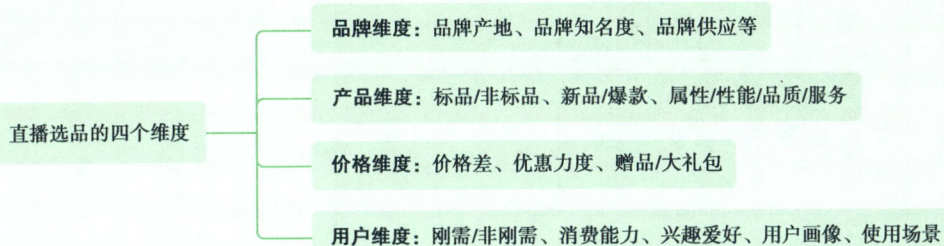

直播选品的四个维度
- **品牌维度**:品牌产地、品牌知名度、品牌供应等
- **产品维度**:标品/非标品、新品/爆款、属性/性能/品质/服务
- **价格维度**:价格差、优惠力度、赠品/大礼包
- **用户维度**:刚需/非刚需、消费能力、兴趣爱好、用户画像、使用场景

图 2-3-2　直播选品的四个维度

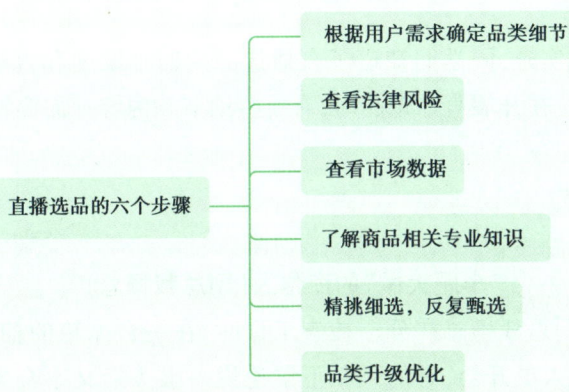

直播选品的六个步骤
- 根据用户需求确定品类细节
- 查看法律风险
- 查看市场数据
- 了解商品相关专业知识
- 精挑细选,反复甄选
- 品类升级优化

图 2-3-3　直播选品的六个步骤

评价反馈

序号	评价项目	分值	自我评价(30%)		教师评价(70%)	
			小结	评分	点评	评分
1	任务完成情况	10				
2	团队合作情况	10				
3	能明确直播选品的四个维度	20				

续表

序号	评价项目	分值	自我评价(30%)		教师评价(70%)	
			小结	评分	点评	评分
4	能说出直播选品的六个步骤	20				
5	能完成直播选品规划与布局,并开展直播选品	40				
	合计	100				

任务拓展

通过本次任务的实施,同学们知道了直播选品的四个维度和直播选品的六个步骤。请同学们思考并总结:在开展直播选品时,有哪些细节和内容是需要特别注意的呢?

职场赋能

"小题大做"的海尔人(副总裁杨总)

一次,海尔公司副总裁杨总在分厂检查工作时,在一台冰箱的抽屉里发现了一根头发。她立即召集相关人员开会,有的人私下议论说一根头发又不会影响冰箱质量,拿掉就是了,何必小题大做呢?杨总却斩钉截铁地告诉在场的干部和职工:"抓质量就是要连一根头发也不放过!"

又有一次,一名洗衣机车间的职工在进行"日清"时,发现多了一颗螺丝钉。职工们意识到,这里多了一颗螺丝钉,就有可能是哪一台洗衣机少安装了一颗螺丝钉,这关系到产品质量和企业信誉。为此,车间职工下班后主动留下,复检了当日生产的1 000多台洗衣机,用了两个多小时,终于查出原因——发货时多放了一颗螺丝钉。

直播商品的好坏会直接影响直播间的信誉、流量、订单量等。作为一名直播选品人,更应该在选品时做到认真、细致,诚信经营,对消费者负责,更是对我们自己负责。

课后练习

一、单选题

(1)以下属于直播选品的产品维度范畴的是(   )。

A.标品/非标品   B.品牌知名度

C.品牌产地   D.价格差、优惠力度

（2）以下商品属于标品的是（　　　）。

    A.连衣裙　　　　　　　　　　　　B.手机

    C.农特商品　　　　　　　　　　　D.服务类商品

（3）品牌直播间专供的商品属于（　　　）。

    A.剧透款　　　　　　　　　　　　B.爆款

    C.宠粉款　　　　　　　　　　　　D.特供款

二、判断题

（1）利润款是指能够为直播间带来大部分利润的商品。　　　　　　　（　　　）

（2）直播间是自己开的,想卖什么就卖什么。　　　　　　　　　　　（　　　）

（3）直播间的宠粉款商品也指的是特供款商品。　　　　　　　　　　（　　　）

三、问答题

（1）简述选品的思维。

（2）简述选品的步骤。

四、实训题

"推进文化自信自强,铸就社会主义文化新辉煌"激励着小兰想为增强中华文明传播力、影响力做出自己力所能及的贡献,她决定组织一场中国本土日用产品直播专场,请你尝试使用学习到的直播选品的方法,帮助小兰选品吧。

工作领域三
直播运营策划

NO.1

工作任务一

策划直播运营方案

任务情境

　　某卫生护理用品有限公司找到了小兰团队,希望可以从传统制造业中探索出适应行业发展的"直播带货"模式。通过直播展示产品制造过程、生产工艺、产品性能、应用范围、企业员工风貌、团队氛围、企业文化等,以增强企业品牌曝光度,提升品牌熟知度和认可度。小兰收到这个任务后,觉得非常有意义,希望通过团队的努力,打造出"制造业直播潮流"。

任务目标

通过本任务的学习与训练,应达到的具体目标如下:

素质目标

➤ 培养学生自主探究与团队协作学习能力。

➤ 培养用户思维、产品思维、流量思维等运营思维。

➤ 开拓直播视野,培养品牌意识。

知识目标

➤ 了解直播运营方案的策划内容。

➤ 掌握直播运营方案策划的流程。

➤ 知晓直播品类规划方法。

能力目标

➤ 熟悉直播前、中、后的基本流程并完成流程工作细化。

➤ 能够设计完整的直播运营策划方案。

任务书

　　该公司生产纸巾、卫生巾、口罩、纸尿裤等多种卫生护理用品,在直播过程中不仅让消费者体验到产品本身的质量好,还可以通过直播呈现生产环节、生产技术、工厂实力等内容,通过线上带货、线下服务的方法,提高企业品牌知名度,加深消费者印象。

　　学习图 3-1-1、图 3-1-2,结合直播运营方案策划内容和流程思维导图,根据该公司的情况,策划直播运营方案。

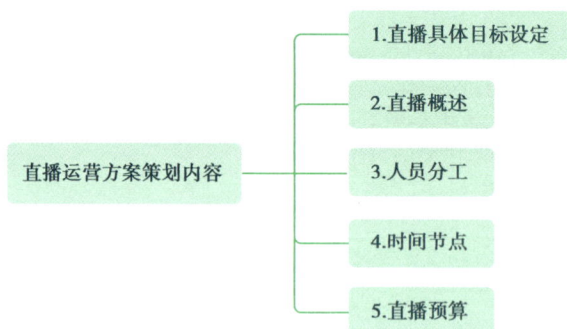

图 3-1-1　直播运营方案策划内容

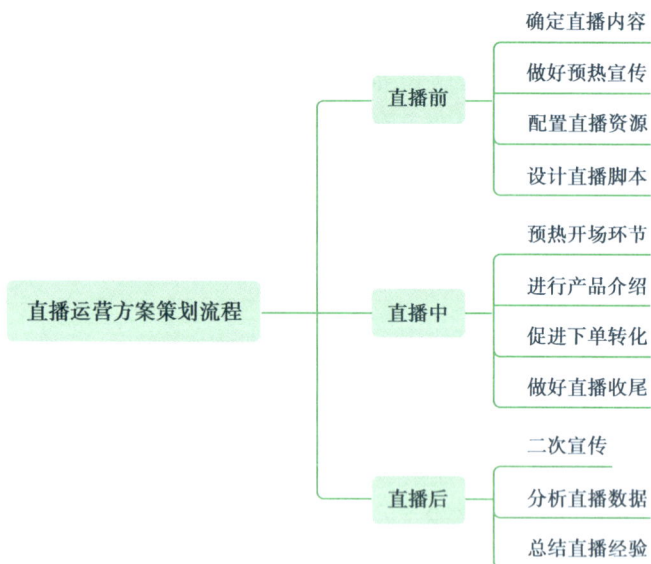

图 3-1-2　直播运营方案策划流程

任务分组

　　教师根据本任务内容对学生进行任务分配,让每位学生填写任务分配表,见表 3-1-1。

表 3-1-1　学生任务分配表

班级		直播间		组长	
序号	组员	职能	任务分工明细		
1					
2					
3					
4					
5					

获取信息

引导问题 1

学习直播运营方案,策划内容思维导图,扫描二维码观看直播营销的流程微课,思考直播设置包含哪些信息?

引导问题 2

请在下面框中画出直播运营中直播前、直播中、直播后的工作流程有哪些?

直播营销的
流程（微课）

知识窗 🛒

1.直播目标

直播目的必须服务企业的市场营销目标,才能给企业带来整体的效益提升。直播目的不是一成不变的,需要根据企业在不同阶段、不同情况下的市场营销目标作出调整。在具体设定直播目标时,应遵循 SMART 原则,尽量让直播的目标科学化、明确化、规范化。目标设定 SMART 原则的具体内容包含 5 个原则,如图 3-1-3 所示。根据 SMART 原则可以设定目标,如直播粉丝需增长至 3 000 人,短期目标可以具体到每一场直播的观看量目标达到 200 人,转化卖货销售额要达到 3 万元等。

目标设定 SMART 原则

在管理学中有一个非常重要的目标设定原则——SMART原则,由分别表示确定目标的五个基本原则的英文字母的字首组成。

SMART原则是一个很实际、很方便的实施原则。

S	Specific 具体的
M	Measureable 可衡量的
A	Achievable 可达成的
R	Relevant 相关的
T	Time-based 一定时限的

图 3-1-3　目标设定 SMART 原则

2.直播人、货、场

首先我们应该知道人、货、场这三个电商商业模式体系。直播电商的产业链环节包括平台、用户、主播、MCN 机构、供应链、品牌方、内容电商整合营销机构和服务支持共 9 个环节,本质可以按照人、货、场划分直播电商具体环节,其中:

"人":包括主播和 MCN 机构,主播包括素人、网红和明星,MCN 机构包括内容 MCN 和电商 MCN,本书仅重点研究电商 MCN。

"货":包括品牌方和供应链,值得注意的是部分高阶电商 MCN 对品牌方和供应链有把控力,供应链能力逐渐被强势电商 MCN 内化。

"场":包括平台。值得注意的是现在已经没有纯电商平台和纯内容平台,主要是内容电商化和电商内容化两块。

直播间设置根据人、货、场三个方向完成人员配置、直播产品、直播平台、直播形式直播推广方式、策划直播主题等内容策划。

（1）人员配置

每一场高质量高转化的直播带货,都是有团队的。直播团队中主播、副播、场控、运营、选品、客服、文案等工作岗位人员分工明确。组建高效能直播团队,前期做好充足的准备与规划以及合理的分工与配合,依据整场直播脚本对直播间的主播、副播、场控等人员进行直播前的沟通协调,要对企业/商家/品牌进行深入沟通,一般采取事前调研沟通、培训和演练等方式以保证直播任务执行的协同流畅,让观众在观看的时候产生强烈的代入感。下面是直播团队不同岗位的基本分工:

主播:主播是形象和门面,一切需要在镜头呈现的内容都是由主播展示的。主播需要负责讲解产品、活动介绍、统筹全场、粉丝互动。

副播:也可以叫助播。主要就是配合主播呈现内容,也是直播团队中非常重要的角色。副播需要帮忙带动直播间气氛,帮助促单、提示活动、引导关注等,配合主播完善直播内容。

场控:也可以叫中控。主要负责调试设备、设置软件、操作后台、监测数据等,也是一个配合主播去完善直播内容的角色,很重要。比如,要配合主播设置产品秒杀,发红包等。

运营:包括直播运营和短视频运营。直播运营相当于导演,做的是统筹工作。包括直播间玩法、直播排品、脚本、场控、广告投放、团队协作、复盘等工作,都需要直播运营来负责。视频运营:这个岗位主要是负责直播账号的运营,包括拍摄剪辑发布视频,直播中时拍摄素材,并且负责直播间视频流量推荐和后期复盘。

选品:主要负责对接产品供应链,以商品为核心,以用户为导向,深挖市场需求组合产品搭配,选出不同款式,精准组合定价。

客服:客服就需要解决售前、售后客户的各种问题,包括出单、物流、复购等,提高用户的服务体验,也有利于促进直播间的转化。

文案:主要负责创意输出,深挖时事热点、爆点,进行脚本撰写和修改,与主播进行直播文案沟通,为直播提供优质文案,为直播设计更好方案。

以上就是一个直播团队的基本分工,可以根据具体情况为自己的直播搭建团队。如果人员少,可以相应地减少一些人员配置,但主播、运营、客服是必须要有的,然后再根据自己的实际情况酌情增加人员。

(2)货品筹备

围绕"货"的卖点筹备与货品相关要素,包括品牌、价格、服务、场景、主播口播内容等,并把这些要素融入直播场景和产品脚本之中。

对直播间货品选择和陈列做设计,包括产品推荐流程的设计,设定引流款、利润款、形象款、搭配产品和福利产品,各种产品如何排序和用时,采取什么样的优惠活动等,对各个类别商品按照合理数量比例进行配置的方案,统称为商品结构策划。以下是4类直播产品的特征:

引流款产品:知名度高,性价比高,需求量比较大,一般是刚需产品,数量在10%~20%就可以。同类的产品一般不超过3个。

利润款产品:利润款产品一般是直播主推的品,占比一般在50%~60%,如图3-1-4所示。

形象款产品:代表品牌形象,但又能与主推产品形成对比优势的产品,让消费者在比较中激发对利润产品的兴趣。

搭配产品和福利产品:搭配产品和福利产品都是为了主推的利润产品更好地实现销售,某种意义上也属于引流产品。

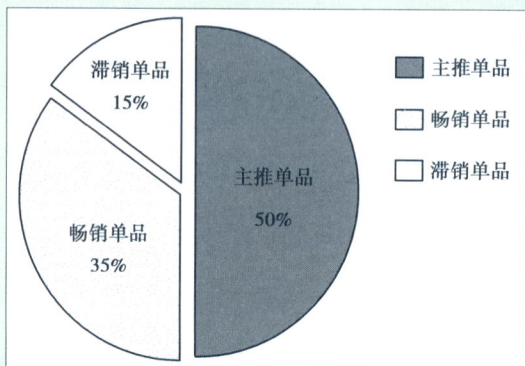

图 3-1-4　单品配置比例

在规划商品结构时,要熟悉产品配置、价格区间和库存配置三大要素。然而产品的组合销售,也是直播间一项有效调整销售的方法。下面介绍5种不同类型的直播间组货类型,以便运营团队更好地了解直播组货逻辑,选择合适的直播间组货策略。

单一品类组品:同一品类产品,常见5~10款,主推其中3款产品。优势是组货成本低,操作简单、门槛低。劣势是受众单一,转化成本高,对广告依赖度高。

垂直品类组品:同一品类产品或相关产品,一般超过30款产品。优势是针对性强。劣势是不利于拓展直播品类。

多品类组品:通常包含5个及以上产品品类,一般30~80款产品。优势是品类多,受众广。劣势是容易被粉丝多样化需求带偏节奏,对运营组要求较高。

品牌专场组品:同一品牌或衍生品牌产品,一般20~50款产品。优势是品质高,优惠多。劣势是单一品牌组货难度大。

平台专场组品:一般由某大型平台商家/大型供应链商家单独提供,一般30~80款产品。优势是优惠多。劣势是平台组货成本高,容易被竞争对手定向打压。

（3）直播场筹备

一场成功的直播带货,离不开直播前的精心筹备,其中直播场具体来说,包括直播时长和频次、直播场地布置、直播前设备测试等3大环节。

直播时长和频次:对于新账号来说,每天稳定开播,每次直播至少2小时。直播频次建议商家分长期和单场来规划,长期可以按月计划直播的次数和日期,每周建议直播3~5天,方便提前安排场地、人员、设备等,单场直播建议持续3~5小时,不仅可养成粉丝固定时间看直播的习惯,而且也可以搭配店铺直播运营做好宣传预告工作。每场开播的时间建议在18:00—23:00的时间段内,当然也可根据店铺的粉丝喜好再来确定。

直播场地:好的直播间背景布置能帮助我们打造更好的线上直播画面,同时能更好地展现和承托出产品的卖点。通常有以下4种直播场景。

第1种:以原产地、加工生产现场构建营销场景。例如农产品可采用生产地户外直播。

第2种:以商品陈列场景构建营销场景。比如家居产品可以在实体店铺进行直播,给予用户信任感。

第3种:以产品使用和交互体验构建营销场景。例如螺蛳粉直播在直播间展示煮粉过程,由主播副播一起嗦粉的画面,呈现出螺蛳粉的美味且方便食用的卖点。

第4种:以虚拟背景构建营销场景。例如罗技将虚拟技术与创意营销结合,使虚拟数字人、真实人物与虚拟环境融合,使观众感受到个性化的场景定制。

直播间设备:直播音像采集设备如电脑、摄像头;声音设备如话筒、小蜜蜂、声卡等;灯光设备如美颜灯、补光灯等;直播辅助器材物料如绿幕、直播贴纸、海报、手卡等。

3.时间节点

在直播时间节点安排上,安排妥当的时间节点可以让用户更舒服,也可以更好地带动用户转化率,表3-1-2是常用的直播时间节点,每次直播前做好流程设计,才能有效把握节奏。

表 3-1-2　常用的直播时间节点

序号	环节	时间	内容
1	预热开场环节	预热开场环节持续时间:3~5分钟	主播自我介绍、直播间预热、提问互动、热点开场等
2	活动说明环节	活动说明环节持续时间(循环提示):5~10分钟	直播背景介绍、活动主题介绍、整场直播的产品预告、福利介绍
3	产品介绍环节	产品介绍环节持续时间(每件)5~15分钟	主播做详细的产品介绍,突出货源优势、突出独特卖点、突出使用场景。重点是渠道价格优势。 可以抽取一个产品作为终极产品,配合优惠、互动等方式重点呈现
4	促单转化环节	每个产品均可呈现	话术要点:紧迫感/限量感/危机感
5	直播结束	最后3~5分钟	主播告知用户直播结束,并强调品牌和自我调性;引导粉丝关注主播、入粉丝群、加微信等做引流;最后预告下次直播的时间、内容、福利
6	复盘	视情况而定	根据此次直播遇到的问题,调整直播流程、话术、脚本等,优化不足

4.直播预算

直播预算是根据直播活动策划方案的具体实施内容来核算的,需要充分地考虑到活动实施过程中的每一个细节。图3-1-5是直播运营方案策划明细中"5.直播预算"部分的内容,下面是关于场地费、人工费、水电费、推广费、设备及耗材费用等各个方面进行分析。

场地费:场地租赁费、布场押金、场地配套设施设备使用费、平台保证金、技术服务费、平台佣金等;

人工费:直播工作人员、服务人员、兼职人员、施工人员等的费用;

水电费:日常场室使用水电费;

推广费:线上宣传、线下宣传、附带增项等费用,红包、奖品等活动成本费;

设备及耗材费用:活动中所需的设备租赁、特殊设备定制、搭建等及相关人员费用;

物料采购费用:直播活动所需商品、赠品的采购、定制、印刷、搭建、租赁等及相关人员费用;

其他产出费用:报备审批费用、工作餐点的购买制作费、第三方服务费、物流成本、特殊费用等。

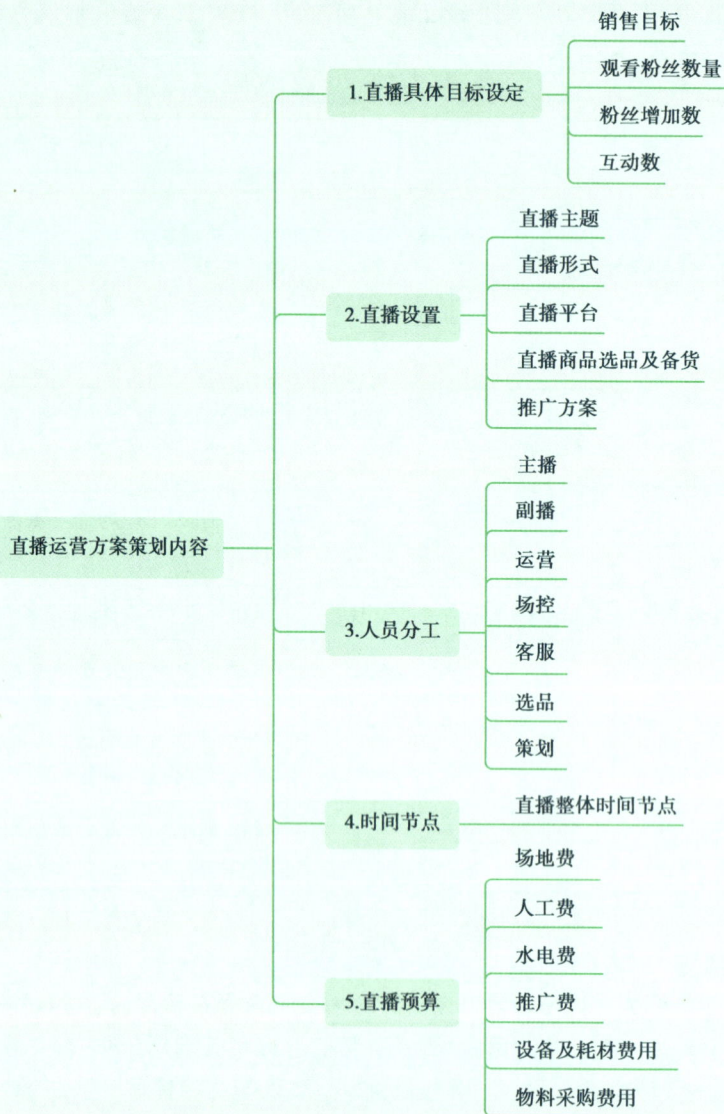

图 3-1-5　直播运营方案策划明细

工作计划

查阅资料，根据该公司生产的纸巾、卫生巾、口罩、纸尿裤等多种卫生护理用品，以"赋能制造，添翼未来"为主题撰写一份直播运营方案，见表3-1-3。扫二维码，读取卫生护理产品相关信息。

护理产品
相关信息

表 3-1-3　直播运营方案

项目		直播运营方案
直播目的		
直播设置	直播主题	
	直播形式	
	直播平台	
	直播商品	
	直播推广	
人员分工		
时间节点		
直播预算		

讨论决策

小组内讨论每位同学的直播运营方案，分析优劣，综合每位同学的意见，确定小组的直播运营方案，见表3-1-4。

表 3-1-4　优化设计方案

组内成员	遇到的难点及解决方法	优化设计方案

续表

组内成员	遇到的难点及解决方法	优化设计方案

工作实施

运营主管让小兰直播团队根据撰写的直播运营方案,制订具体的直播运营方案流程,并填写在下面方框中。

知识窗

1.直播活动宣传推广

为了收到良好的直播效果,在直播活动开始之前,要完成大量的准备工作,如图3-1-6"1.直播前——做好预热宣传"所示。对直播活动进行宣传,可以从以下5个方面来入手。

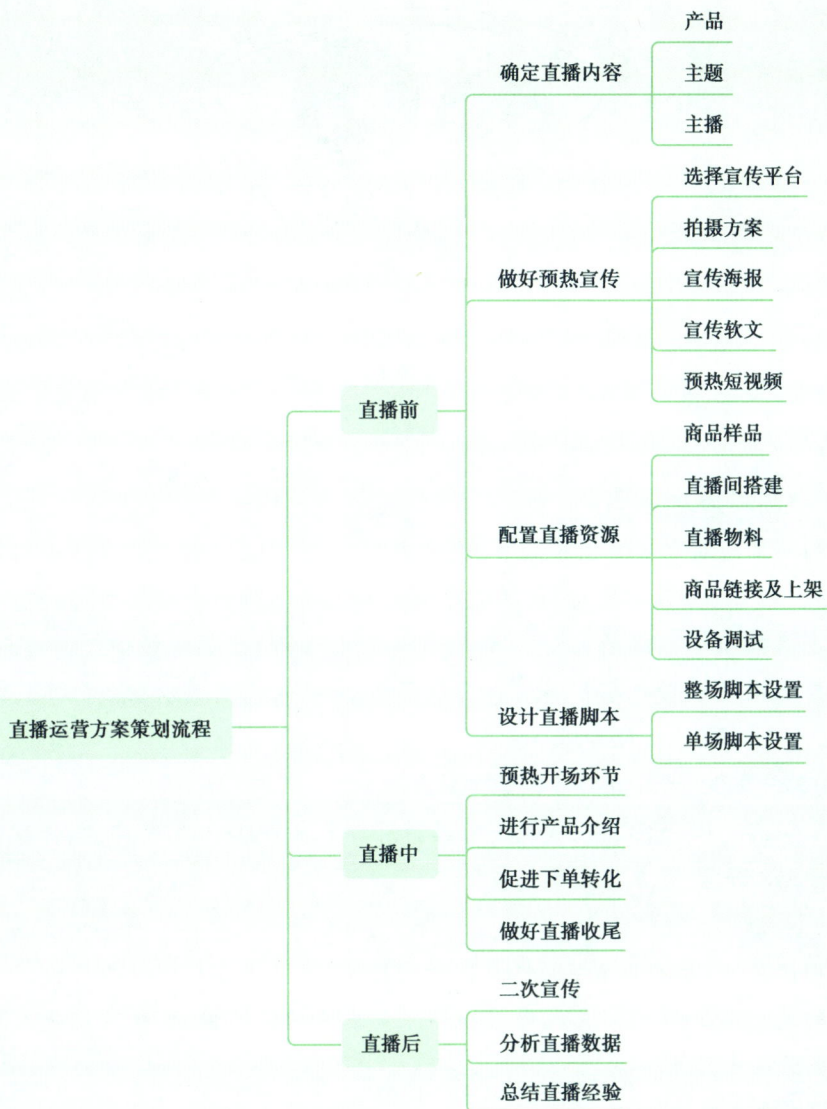

图 3-1-6　直播运营方案策划流程

（1）选择宣传平台

不同的用户喜欢在不同的媒体平台上浏览信息，分析目标用户群体的上网习惯，选择在目标用户群体经常出现或活跃的平台发布直播宣传信息，为直播尽可能多地吸引目标用户。

（2）选择预热宣传形式

直播活动宣传，就是结合软文推广、海报推广、短视频推广，形成推广渠道，如图 3-1-7 所示。在做预热宣传时，可以有效选择其中 1~3 种推广方式，提升预热效果。具体如下：

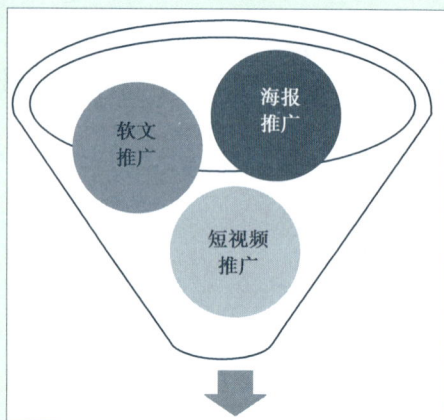

图 3-1-7　推广方式与渠道

（3）直播预热文案+图片

好的文案能起到画龙点睛的效果，戳中用户的痛点，勾起用户的好奇心。在直播前，将你的个人简介信息更新，包括昵称和简介。通过简介中的文案告诉观众和粉丝你要开直播，提前知道开播时间，才能定点进入直播间。直播海报如直播封面图，用户打开直播软件，首先映入眼帘的通常是封面图，如果封面图可以在短时间内吸引用户的注意，便能脱颖而出，提升进店率。

（4）站外文案+图片直播宣传预热引流

除了站内个人简介之外，我们还可以利用第三方平台，例如微博、微信、小红书、今日头条等站外平台，为直播间预热宣传。

（5）短视频引流推广

开播前发布短视频预热，视频内容形式多样，可以是真人出镜告诉粉丝开播时间和内容的纯直播预告，或者是包含直播间抽奖内容的诱饵视频，也可以是直播片段花絮的直播预告内容等。

2.整场直播流程

梳理直播流程，直播的流程和直播顺序尤为重要，在做直播中最容易犯错的就是开播前才发现没有整理好直播的内容素材和活动内容，做好脚本可以解决的就是可以梳理清楚完整的直播细节及直播流程，如图 3-1-8 所示，按照流程运营，可以让整场直播的内容有条不紊。

有了直播流程，可以完成脚本准备工作，我们可以非常便捷地为主播每个时间段的动作和行为做出引导，让主播知道在具体什么时间做什么，还有哪个步骤没做，另外也可以借助主播传达出更多和粉丝的互动和其他方面的内容，可以让主播迅速摆脱困扰，突出主题、主次分明。

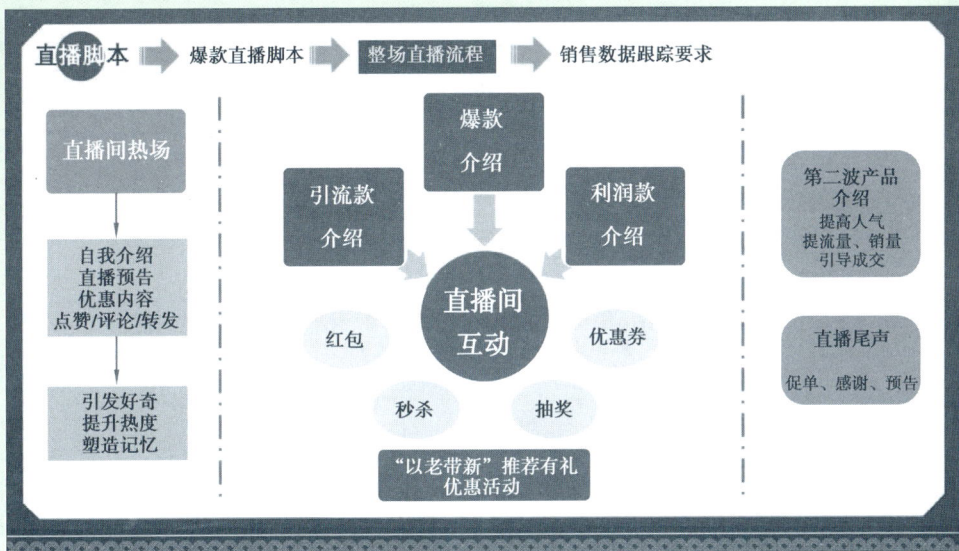

图 3-1-8　整场直播流程

3.二次传播

直播结束并不意味着直播工作的结束,在直播结束后,可以将直播活动的视频进行二次加工,并在抖音、快手、微信、微博等平台上进行二次传播,最大限度地放大直播效果。直播活动的二次传播一般有以下两个步骤:

步骤1:明确目标。目标应该与整体市场营销目的相匹配。例如提高品牌知名度、品牌美誉度、提高商品曝光、提高商品销量等。

步骤2:选择传播形式。二次传播的形式一般有两种,一种是制作直播视频实现二次传播:介绍行业资讯、观点提炼、主播经历、产品使用体验、直播心得等;另一种是制作直播软文实现二次传播:直播结束后,还可以撰写一些直播幕后的故事。

4.复盘总结

直播间数据分析:利用直播中形成的客观数据对直播进行复盘,体现的是直播的客观效果,如图3-1-9所示,分别从流量、观看、粉丝、转化4个方面来衡量直播效果。

直播经验总结:从主观层面对直播过程进行分析与总结,如图3-1-10所示。分析的数据内容包括品牌口碑数据、目标用户比例、直播效果数据等,针对直播流程设计、团队协作效率、主播现场表现等多项直播工作进行有效复盘,看看是否满足直播前设定的产品、用户、目标等数据。同时团队里面的各个

图 3-1-9　直播复盘数据词云

岗位也可以进行个人总结,完成团队讨论,最终提炼出来优化计划,发现规律,让工作流程化。

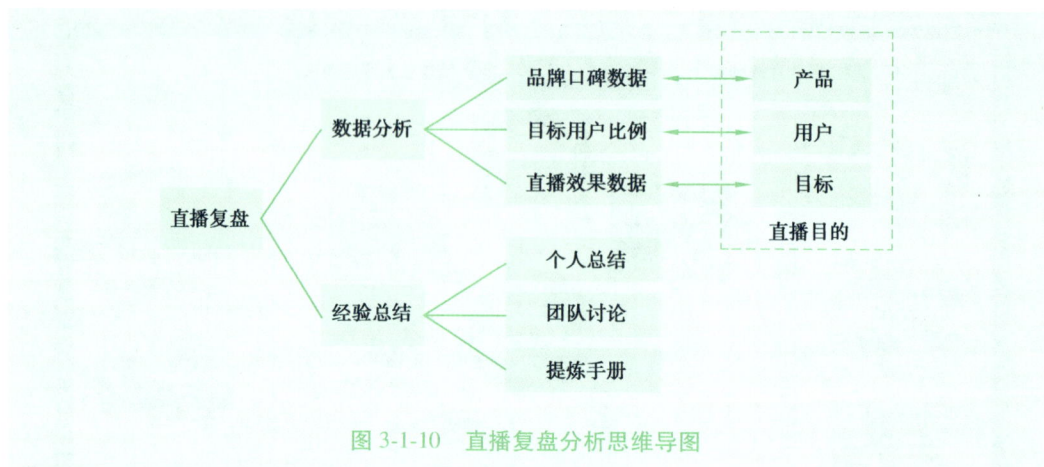

图 3-1-10　直播复盘分析思维导图

　　复盘能将直播过程梳理一遍,对经验和教训进行总结。通过复盘回顾整场直播,发现直播中错误的地方,把出错的部分记录下来,进行改正优化,下次避免同样的问题产生。此外复盘同时也能将经验转化为能力,直播遇到的突发情况,通过分析总结,记录案例,以后遇到紧急状况的时候也能沉着应对。

评价反馈

序号	评价项目	分值	自我评价(30%)		教师评价(70%)	
			小结	评分	点评	评分
1	任务完成情况	10				
2	团队合作情况	10				
3	制订直播内容方案	30				
4	优化直播内容方案	30				
5	直播内容符合逻辑	20				
	合计	100				

任务拓展

　　各小组根据设计的直播运营方案进行课堂分享,并投票选出最佳直播方案。

职场赋能 🛒

某彩妆品牌以"东方彩妆，以花养妆"为理念，探索中国千年古方养颜智慧，针对东方女性的肤质特点与妆容需求，以花卉精华与中草药提取物为核心成分，运用现代彩妆研发制造工艺，打造健康、养肤、适合东方女性使用的彩妆产品。

该品牌每一次传播动作都在向消费者传递品牌差异化定位和价值，而每一次对品牌价值的传递与强调都在为其内容营销策略添砖加瓦。在品牌官方账号进行内容传播时，也时刻与古代诗词、知名典故等传统文化紧密结合，产品定位、功效和故事相辅相成，奠定内容营销的统一基调。

寻找大量头部 KOL、中腰部 KOC 以及素人博主下沉到微博、小红书、抖音、B 站等平台，通过开箱视频、情景短剧、测评安利等内容形式影响潜在消费者，达到品宣和带货目的，最终影响用户的消费决策。每款产品上线都会招募上千名用户使用，并回收用户体验报告，是第一个在彩妆品牌中创立"用户共创"从而更新产品和品牌营销模式的国货品牌。

也许有人会认为我们最初开始直播运营并不需要做完善的直播运营方案，特别是直播间人比较少，运营团队甚至都不必要。这种想法必须要改变，直播团队每一个人，每一个岗位都是非常重要的。比如，在我们直播间先用一个低价引流款产品引起用户的兴趣，这种产品对提高直播间人数和获得粉丝有着很明显的效果。用户关注后成了粉丝，商家可以开始转化客单价更高的产品，而且在这期间不断地做优化运营，过程显得游刃有余，能用到的所有物品和活动都提前准备好了，后面的直播会更加顺利，同时也能规避很多麻烦。

课后练习 ✍

一、单选题

(1) 以下关于直播彩排时的注意事项，说法错误的是( )。

A.注意团队间的配合

B.注意商品的介绍试用

C.准确描述直播的优惠政策

D.注意商品的出场顺序，高价位商品建议先出场

(2) ( )要等到引流款商品将直播间人气提升到一定高度以后再引入，能有效拉高店铺利润。

A.引流款商品　　 B.利润款商品　　 C.形象款商品　　 D.以上均可

(3) 进行直播复盘时，需要参与的团队是( )。

A.运营团队　　 B.场控团队　　 C.主播团队　　 D.以上均是

(4) 以下不在直播运营方案中预算控制的范畴的是( )。

A.人工费　　 B.场地费　　 C.水电费　　 D.企业所得税

二、判断题

（1）直播策划方案中，直播团队可以将直播的营销目标按照 SMART 原则准确地提炼出来，这样才能达到更好的直播效果。 （　　）

（2）直播团队与企业应联动建立售后服务机制，在消费者与商家产生售后纠纷时协同承担责任并敦促合作品牌进行妥善处理。 （　　）

（3）直播团队可以选择销量高、用户评价好、符合主播人设、符合直播间风格的商品作为主打商品。 （　　）

三、问答题

（1）在直播品类规划中有哪些组品策略？

（2）直播中的运营流程有哪些？

四、实训题

小兰的团队接到儿童图书的直播任务，请根据所学内容，参考互联网信息，策划一个直播运营方案。需要体现出国家对科普教育的重视和新生代的年轻父母的理念，展示儿童图书的知识链接、视野拓展、装帧工艺、图文设计、取材环保等。

工作任务二

NO.2

策划直播内容方案

任务情境

小兰直播团队完成了该卫生护理用品有限公司授权的直播运营方案，双方明确了以制造业的场景呈现直播间。主管部门让小兰团队完成详细的直播内容方案策划，帮助团队和商家能够快速开播，高效变现，加速购买决策，并能够利用红包、秒杀等引爆直播气氛。通过内容策划活动，培养直播团队的肢体语言、主播人设、气场和产品展示能力；培养主播对产品描述的表达力；培养主播与粉丝的互动力；培养直播团队对脚本掌握、对突发情况的应对、对直播正常掌控等把控力。

任务目标

通过本任务的学习与训练，应达到的具体目标如下：

素质目标

➢ 培养自主探究与团队协作学习的能力。

➢ 培养小组合作过程中的职业素养和礼仪。

➢ 增强质量意识,树立反复锤炼、精益求精的劳动观。

知识目标

➢ 了解直播内容策划的要素。

➢ 熟悉直播主题设计技巧。

➢ 掌握直播标题撰写技巧。

➢ 掌握直播活动互动技巧。

➢ 知晓直播脚本流程设计。

能力目标

➢ 能够进行数据的收集、整理与分析。

➢ 能够完成直播互动活动设计。

➢ 能够设计完整的直播内容方案并体现品牌意识。

➢ 能够设计体现逻辑性、创意性的直播内容。

任务书

小兰团队针对直播主题、直播间主题及布置、互动活动、直播商品结构及产品卖点提炼、直播脚本进行设计,根据直播主题"赋能制造,添翼未来",开始撰写直播内容方案。

任务分组

根据本任务内容对学生进行任务分配,让每位学生填写任务分配表,见表3-2-1。

表 3-2-1　学生任务分配表

班级		直播间		组长	
序号	组员	职能	任务分工明细		
1					
2					
3					
4					
5					

获取信息 🛒

引导问题 1

参考二维码的内容。直播过程商品展示的技巧及直播营销从业人员职业素养,全方位思考要做好直播内容策划,应该具备哪些能力?

引导问题 2

写出直播整体流程中,直播前、直播中、直播后分别有哪些直播内容?

直播营销从业
人员职业素养
(动画)

直播过程中
商品展示的
技巧

知识窗

1.直播内容策划

随着直播平台的竞争加剧,人口红利消失,泛娱乐直播进入收割期,内容创作迎来黄金时期,直播竞争的核心焦点将转移到直播内容创作本身。以直播内容创造为核心,结合直播社交属性,形成泛娱乐内容社区,将成为主播新的发展方向。直播内容策划包含直播主题、直播人员、直播间布置、直播实施流程等多个方面,如图 3-2-1 所示。

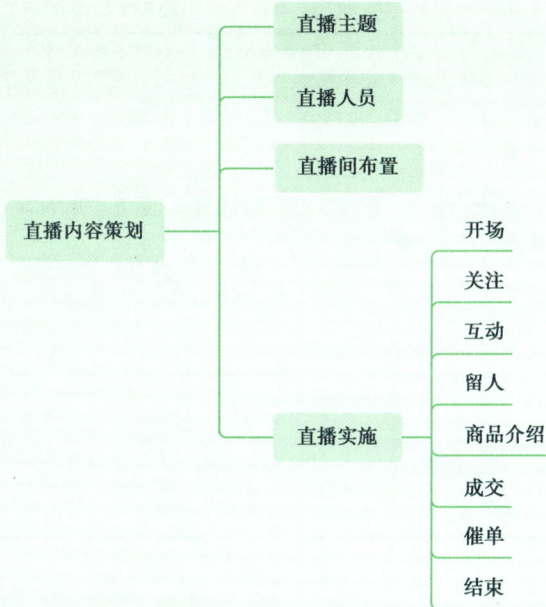

图 3-2-1　直播内容策划思维导图

2.直播主题策划

主题要突出产品特点,在规划直播主题时,需要突出品牌/产品的特点,构建场合和活动主题。

主题要有特点,从多角度思考直播主题,展现直播主题的特色。如小龙虾商家直播,可以选择展示制作麻辣小龙虾过程作为直播主题,如"小龙虾怎么做才更好吃?"。

主题要贴近生活。比如,主播可以在直播中试吃、试用商品,或在直播中展示商品的制作过程。

3.设置直播标题

直播标题就像短视频的文案一样,同一时间段会有很多人直播,而直播标题更吸引人的直播间,人气也更高。在撰写直播标题时,可以从以下4个技巧设计标题:

①巧用生活用语,能够营造出轻松自然的氛围,拉近与用户之间的距离。

②巧用标点符号,通常会给平淡的标题制造一些情绪起伏的效果。

③巧用"颠覆",通常不按常理出牌,往往会比较新奇,很容易引发用户的好奇心。

④巧用修辞,容易引发用户的联想,常用的修辞手法有比喻、比拟等。

表3-2-2包含着直播标题的高频营销词汇,同学们可以根据实际情况,结合直播主题或者产品,在表格里面挑选3~5个词汇做成标题。

表 3-2-2　直播标题的高频营销词汇

序号	类型	词汇
1	名词	专场、盛宴、福利、折扣、大促、好礼、好/高货、精品、优惠、豪礼、狂欢、惊喜、大赏
2	动词	登场、抢、×××开启/来了/来袭、大放送、巨惠、嗨、玩转、特卖、直降、错过会×、速来、马上开播
3	形容词	限量、限时、划算、震撼、火爆、满分、热门、高档、心动
4	感叹词	高能、燃爆、秒秒秒、购购购
5	副词	××不停、××多多、值得×、××翻倍、×手软
6	量词	一大波、全场
7	符号	感叹号、问号

4.直播互动活动设计

主播在直播过程中不能只顾着自己说话,要引导用户热情地互动,以提升直播间的氛围。直播间的热烈氛围可以感染用户情绪,吸引更多的人观看直播。通过各种互动设计,直播满足了用户寻求陪伴、娱乐消遣、打发时间的需求,同时也满足了主播实现盈利和获得关注认可的需求。

在直播互动时要充分挖掘新的互动玩法,如图 3-2-2 所示。直播间互动方式借助一些直播互动设备,明确直播间的独特之处,有利于吸引人们的眼球。在直播结束后,可以通过发红包,发小福利的方式,让直播间的人们得到点小好处,能加深印象,增加再次来的可能性。

图 3-2-2　直播间互动方式

工作计划 🛒

查阅资料,浏览相关网页,请每位同学根据该公司的卫生护理用品,撰写一份直播内容方案,见表3-2-3。

表3-2-3 直播内容方案表

项目	直播内容方案
直播主题	例:赋能制造,添翼未来
直播时间	例:2 小时
直播人员	例:主播小兰、 助播小张、 质检人员:阿平、 技术工程师:李工
直播形式	例:工厂直播
直播间场地及布置	例:以纸尿裤生产线为背景,制作"赋能制造,添翼未来"立牌
直播间活动	例: (1)来了先分享,再来抽大奖 (2)限时 5 分钟抢购,数量有限 (3)优惠套餐 (4)答题发红包 (5)点赞抽奖福利
直播间产品	例: 引流款:卫生巾 8 片 290 mm 超薄纯棉柔夜用羽柔炫彩系列 利润款: ①×××小时光系列卫生巾日夜套装 12 包 ②小猪佩奇拉拉裤 XXL48 日夜用婴儿超薄透气尿不湿非纸尿裤 1 件装 形象款:小猪佩奇小苹果婴儿纸尿裤拉拉裤 福利产品:抽纸
直播内容	略

讨论决策 🛒

小组内讨论每位同学的直播内容方案,分析优劣,综合每位同学的意见,确定小组的直播内容方案,见表3-2-4。

表 3-2-4 优化设计方案表

组内成员	遇到的难点及解决方法	优化设计方案

工作实施

运营主管针对小兰直播团队撰写的直播内容方案,确定直播主题、直播人员和直播间布置、直播活动互动,现需要结合直播脚本创作技巧,植入直播活动营销元素,提升直播内容的吸引力,完成直播整场脚本与直播单品脚本撰写。请根据知识链接进一步优化已策划的直播内容方案,在下面框中完成直播整场脚本要点和直播单品脚本要点罗列。

知识窗

1.产品讲解

直播过程中做商品讲解,可以参考表 3-2-5 产品讲解要点。为了能有效呈现产品卖点,首先突出产品本身的价值,例如品牌价值、独特的属性功能、品质等产品与众不同的价值点;其次通过与竞品的比较优势,利用产品差异性让观众更容易接受商品;最后,要传递给客户价值。利用场景、优惠等逻辑让客户觉得有利,最终达成交易。

表 3-2-5　产品讲解要点

商品介绍	内容方向	品牌故事和背书	产品功能用途	使用感受	产品对比	产品核心优势	
	讲解逻辑	产品卖点介绍	描述使用场景	优惠促销力度	限时限量秒杀		
	话术技巧	消费承诺	营造画面感	给用户算账	制造惊喜和福利	设置值价格锚点	营造急迫感和稀缺性

2.直播整体脚本内容设计

整场直播脚本是对整场直播的内容进行安排,重点是把控直播逻辑。直播运营团队要提前准备好整场直播脚本,见表 3-2-6。

表 3-2-6　整场脚本内容要点

要点	说明
直播主题	从用户需求出发,明确直播的主题,避免直播内容无效呈现
直播目标	明确直播目标,是积累粉丝、提高直播间人气数量,还是宣传新品等
主播介绍	介绍主播、副播的名称,直播人设等
直播时间	明确直播开始、结束的时间,可以标注直播间节点
注意事项	说明直播中需要注意的事项
人员安排	明确参与直播人员的职责。例如,主播负责引导关注、讲解商品、解释活动规则等;助理负责与用户互动、回复用户的问题、发放优惠信息等;后台/客服负责修改商品价格、与粉丝沟通订单问题等
直播流程的细节	直播流程的细节具体呈现,详细说明开场预热、商品讲解、优惠信息、用户互动等各个环节的具体内容、如何操作等问题。例如,什么时间讲解第一款商品、具体讲解多长时间、什么时间抽奖等,尽可能把时间都规划好,并按照规划来执行

3.直播单品脚本内容设计

直播脚本是直播营销话术的内容框架,是决定直播营销成败的关键。好的直播脚本有利于提升主播直播营销时讲解的专业度、流畅度和商品成交的转化率,其内容设计包含开场话术、关注话术、互动话术、留人话术、商品介绍话术、成交话术、催单话术、结束话术等,如图 3-2-3 所示。

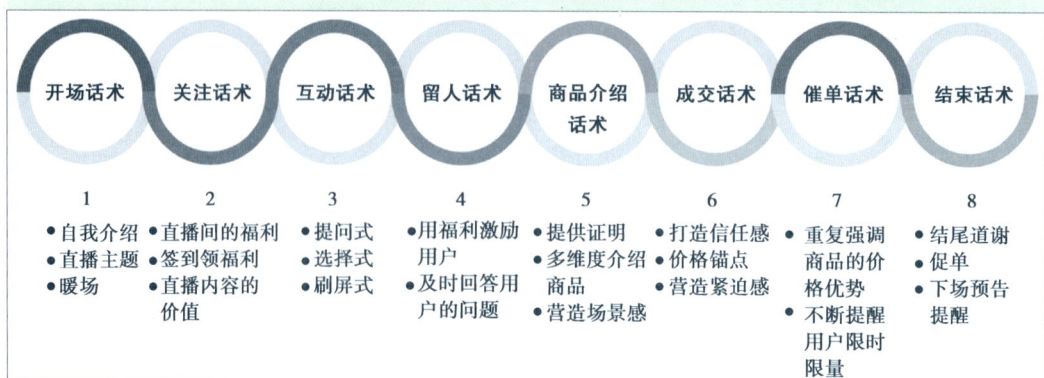

开场话术	关注话术	互动话术	留人话术	商品介绍话术	成交话术	催单话术	结束话术
1	2	3	4	5	6	7	8
• 自我介绍 • 直播主题 • 暖场	• 直播间的福利 • 签到领福利 • 直播内容的价值	• 提问式 • 选择式 • 刷屏式	• 用福利激励用户 • 及时回答用户的问题	• 提供证明 • 多维度介绍商品 • 营造场景感	• 打造信任感 • 价格锚点 • 营造紧迫感	• 重复强调商品的价格优势 • 不断提醒用户限时限量	• 结尾道谢 • 促单 • 下场预告提醒

图 3-2-3　直播营销话术内容设计

通常可以根据以下 3 个步骤进行单品介绍,配合抽纸的脚本来学习。

步骤 1:需求引导和商品引入:主播进行用户需求引导的前提是对用户需求有一定的了解,可以通过叙述用户可能遇到的问题与用户产生共鸣。

接下来这款产品,用过的宝宝相信都不会抗拒的,之前好多宝宝都在问什么时候上链接。今天我们可是储备好量才给大家推荐的,今天直播间有3 000 单,错过今天可能又要等了!作为日常使用率相当高的抽纸,无论你是大人、小孩、老人,还是在家里、办公室、外出,纸巾都必不可少。

引出商品,围绕商品卖点、使用感受等进行描述,让用户通过各个感官体验感受到商品的特色,认为商品值得购买,激发其购买欲望。

纸巾作为使用频率相当高的日用品,抽纸选得好,宝宝没烦恼;选对婴儿抽纸真的太重要了;采用三层复卷加厚工艺,婴儿抽纸和普通抽纸的区别,就是在保留柔软的同时,吸水力更强。所以就得给宝宝用婴儿抽纸,对妈妈来说还很省心,同样的张数,比其他的抽纸更加厚实,海绵级别的柔软程度,用过都说好,给宝宝满满的安全感。

我一直给身边宝妈们安利的抽纸,宝宝用纸有多凶,宝妈应该都知道,反正我在家里的客厅、卧室、饭厅、洗手间都会摆上一包,这种大小放包里也刚刚好。

步骤 2:赢得信任,如权威背书、数据证明、现场体验。

它采用进口原生木浆进行制作,黄金配比出来的长短纤维紧密交织,所以使用起来非常放心,一般都会使用它来餐后擦嘴,使用体验非常好,不会留下纸张碎屑让人尴尬。

这款抽纸真的要夸一夸的,大家估计不相信它的厚实,那就来做一个很简单的测试来体验一下。把纸巾弄湿后,我把手机放在里面,大家看,连手机都能轻松兜住,这么厉害的抽纸你不入手试一下吗?它不会像普通纸巾一样一用就破,3 层硬壳加厚满分,你看撕开或者吸水都没有掉屑,掉粉末。避免在出汗的时候擦到满脸纸屑的尴尬,也不怕宝宝擦嘴擦手破纸巾的情况,直接可以当个湿巾用,这款抽纸盘下不亏。

步骤3:促进下单:展现商品的价格优势,限量赠送礼品。

为了感谢各位宝宝对我们的支持,我们将选出5位宝宝赠送免单福利。原价4.8元一包的抽纸,今天在我们直播间只需要9.9元一大包,一包有4小包,每包有180抽。算下来一包2.5元不到,我家里都是一箱一箱囤的,喜欢的就不要错过了,赶紧点击1号链接下单吧。

评价反馈

序号	评价项目	分值	自我评价(30%)		教师评价(70%)	
			小结	评分	点评	评分
1	任务完成情况	10				
2	团队合作情况	10				
3	制订直播内容方案	30				
4	优化直播内容方案	30				
5	能够独立成脚本撰写	20				
	合计	100				

任务拓展

各位同学各自自行挑选商品完成直播单品脚本撰写,并完成单品模拟直播。

职场赋能

2022年6月,东方甄选直播间在整个互联网环境中实现破圈传播,其中主播董宇辉更是一夜暴火,迅速成为直播电商界的红人。

卖6元钱一根的玉米,他能出口成章来段几百字的满分作文,引起人们对无数美好事物的回忆;卖鲥鱼时,他会说鲥鱼是世界上最优雅浪漫的鱼,即使被渔网抓住了,它也不会逃跑,只是害怕自己的鳞片会掉,所以坦然接受命运;当有人嫌6元钱一根的玉米有点贵时,他说好的东西就应该贵点,以防"谷贱伤农"。

网友在对他的留言中有"才华横溢""人格魅力""三观很正""有趣的灵魂""物质简单,精神富足"等评价。在直播中,他看起来不像是急着卖货,而是像老师、像朋友,与你促膝而谈,分享自己的点点滴滴。

农村电商特别是农副产品直播带货,对帮助农民销售农副产品、促进农民增收致富有非常直接的作用。2021年的中央一号文件就提出"支持农产品电商平台和乡村电商服务站点建设";2022—2023年的中央一号文件更是直接提出"促进农副产品直播带货规范健康发展"。

相比一些以"卖惨"等弄虚作假赚取同情心的直播带货,主播董宇辉的直播带货从自身才能来说,或出口成章,或旁征博引,或娓娓道来讲述一段人生小事儿,带给人的是一种满满的正能量和美的享受。从情感来说,他对农民的艰辛感同身受,对和他70岁的奶奶一样只要能动就会下地干活的农民感情深厚。在他的直播间,人们感受到的是舒适、是享受、是真情实感,在直播中传递正能量引起人们的共鸣。

课后练习

一、单选题

(1)以下哪项不是直播活动营销元素?(　　)。

A.预售　　　　　B.秒杀　　　　　C.橱窗　　　　　D.清仓

(2)"胖姐姐们,显瘦夏装连衣裙看这里"属于(　　)的标题。

A.用户痛点型标题　　　　　　　　B.热门节日型标题

C.活动型标题　　　　　　　　　　D.反逻辑常理型标题

(3)以下哪项不是直播设备准备中的内容?(　　)

A.声卡　　　　　B.提词器　　　　　C.产品　　　　　D.网线

二、判断题

(1)商家在撰写具有偶然性促销方案的脚本时,比如抽奖活动,需要将活动的参与方式简化,因为复杂和难度过大的活动很难吸引客户参与。　　　　　　　　(　　)

(2)商品讲解是直播的核心内容,要遵循从外到内、从宏观到微观的原则,全方位、客观分析商品的优缺点,不可夸夸其谈。　　　　　　　　　　　　　　　(　　)

(3)通过趣味实验来展示商品功能,可使直播形式多元化,减少重复单调。(　　)

三、问答题

(1)在直播品类规划中有哪些组品策略?

(2)直播整体脚本内容设计应该有哪些要点?

四、实训题

小兰的团队继续完成儿童图书的直播任务,请根据所学内容,参考互联网信息,请根据产品特点,并结合儿童图书的知识链接、视野拓展、装帧工艺、图文设计、取材环保等,体现出国家对科普教育的重视和新生代的年轻父母的理念,完成整场直播脚本、单品直播脚本的撰写工作。

工作任务三

策划直播引流方案

任务情境

　　小兰直播团队对直播运营工作日渐熟悉,觉得工作越来越有挑战性。但最近小兰直播团队比较烦恼,原因是进入直播间的人数越来越少,没有人进入直播间就意味着产品曝光度低,导致产品卖不出去。除此之外,进入直播间的人也不活跃,跳出率高。小兰直播团队心想为什么同行们的直播间观看人数会那么多,他们是怎么做到的呢?

　　直播运营最重要的一点就是引流。请帮助小兰直播团队想想办法,如何吸引更多的人进入直播间,并提高转化率。

任务目标

通过本任务的学习与训练,应达到的具体目标如下:

素质目标

➢ 培养自主探究与团队协作学习。

➢ 培养小组合作过程中的创新精神。

➢ 培养实操过程中的网络文明操守及职业道德规范。

知识目标

➢ 了解流量的类型和来源。

➢ 熟知直播引流方式。

能力目标

➢ 能够运用多种手段进行直播引流。

➢ 能够根据实际情况制订直播引流方案。

任务书

　　党的二十大报告指出:"人民生活全方位改善""互联网上网人数达十亿三千万人。人民群众获得感、幸福感、安全感更加充实、更有保障、更可持续,共同富裕取得新成效。"互联网的普及提升了人民群众生活质量,中国上网人数庞大,流量巨大,如何争夺网络流量是各大小商家成败的关键。

"流量为王"时代,引流无处不在。引流之前,我们要明确流量的类型、各类型特点。请根据下文——"获取信息"的内容,完成下列连线题及填空题。

流量类型	流量媒介	举例
静态流量	社交软件、平台等	360、百度
文娱流量	搜索引擎带来的流量	微信朋友圈
社交流量	传统纸媒、传统电视新闻的用户等	抖音、小红书
搜索流量	购物平台、某专业领域的交流平台等	淘宝、得物、Keep
定向流量	视频网站、游戏本身或相关平台	电视、广州日报

对于直播电商来说,引流的目标有多种,请讨论后完成图3-3-1。

图 3-3-1　引流目标

引流要讲究方法。直播引流方式包含线上和线下两大方面。请完成下列填空题,尽可能地多写,不够位置的可以自行添加,并标注付费/免费,如图3-3-2和图3-3-3所示。

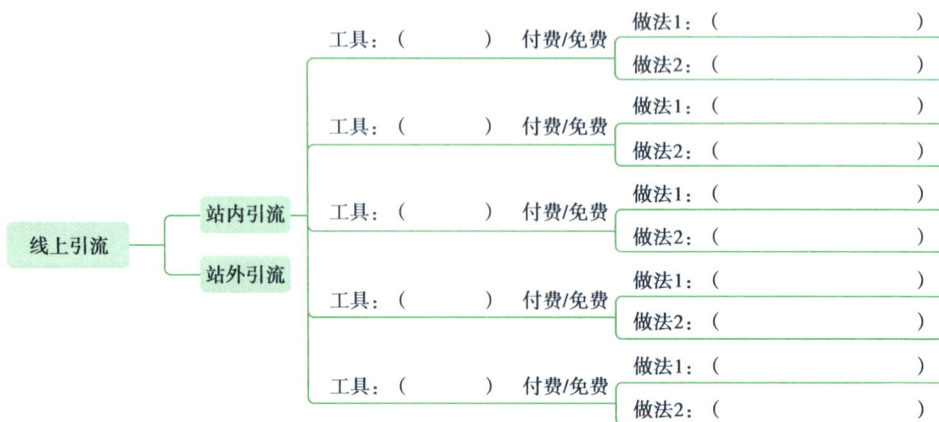

图 3-3-2　线上引流方法

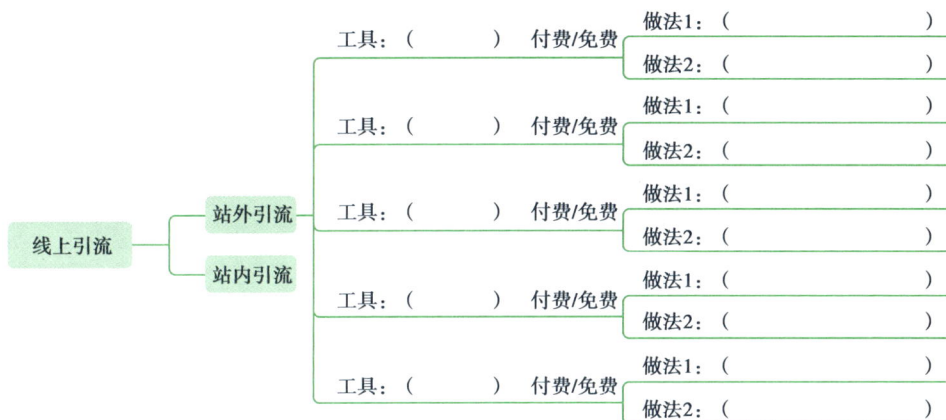

图 3-3-3　线下引流方法

　　假如在彩妆行业,请选择活跃分享家、深粉种草党、精明消费者、品质生活家、潜水跟随者其中一类用户为引流目标人群,应该设置怎样的诱饵? 请填写图 3-3-4。

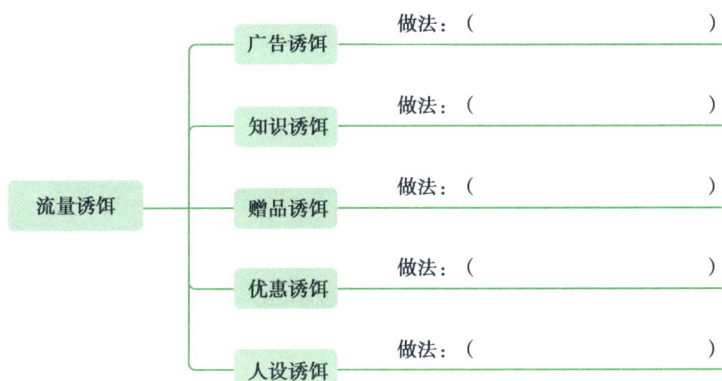

图 3-3-4　流量诱饵设置

任务分组

　　教师需根据本任务内容对学生进行任务分配,让每位学生填写任务分配表,见表3-3-1。

表 3-3-1　学生任务分配表

班级		组名		组长	
序号	组员	职能		任务分工明细	
1					
2					
3					
4					
5					

获取信息

引导问题 1　流量的概念和分类。

本任务所指的流量是电子商务领域中的流量,从数量的角度是指账号或店铺的在线人数和粉丝人数,从质量的角度是指平均在线时间、日活跃用户数等,流量越大直播间的人气值越高,越容易提高转化率。根据不同标准,流量的分类如图 3-3-5 所示。

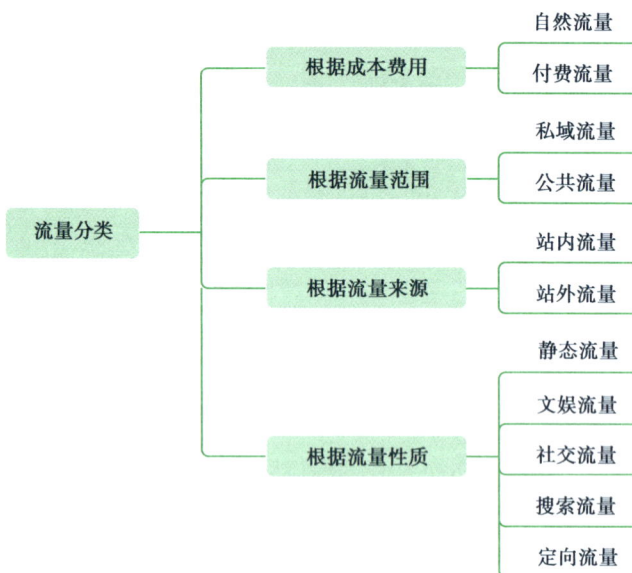

图 3-3-5　流量分类

引导问题 2　流量的重要性。

流量是电子商务的生命,即"无流量不电商",吸引优质流量对于所有店铺来说都是首要任务。对于直播运营来说,无论是吸引新粉丝,还是提高粉丝的活跃度和黏性,都是非常重要的。事实上,我们关注的并不是流量本身,而是流量的变现能力,即流量可以为店铺带来的经济利益。

知识窗

流量性质类型及特点见表 3-3-2。

表 3-3-2　流量性质类型及特点

流量性质类型	特点
静态流量	群体范围相对固定,用户黏性高
文娱流量	群体相对游离,用户忠诚度不太高,但开发价值高
社交流量	群体相对固定,同时拥有"点对点"和"点对多"的特性,互相之间有一定的信任度,开发价值较高
搜索流量	用户群体量巨大,但不确定性高,可以通过技术手段筛选、锁定潜在客户,开发价值高
定向流量	这是一种特殊流量,具有较高的精准度和明确的消费意向,因此开发价值很高,这也导致平台和竞品之间的竞争非常大

▶ 数据名词解释

- **私域流量**:自有粉丝池,已关注自己的粉丝。
- **公共流量**:平台所有的受众群体,可能转化为私域流量。
- **流量变现**:互联网流量通过某些手段实现现金收益,比如接广告获取收益。
- **用户画像**:指目标用户的综合情况,比如年龄、性别、地域、职业、收入、爱好等。确定用户属性,有针对性地、更好地为用户提供服务。
- **垂直类账号**:在某个细分领域进行深耕,受众精准,变现难度小。
- **拉新**:也就是所谓的吸粉,用线上或线下手段,吸引粉丝关注账号。
- **KOL**:关键人物或关键意见领袖,新媒体平台上有话语权的人。
- **KOC**:关键意见消费者,对应 KOL。一般指能影响自己的朋友、粉丝,产生消费行为的消费者。相比于 KOL、KOC 的粉丝更少,影响力更小,优势是更垂直、更便宜。
- **PGC**:专业生产内容。可以理解为专职编辑制作的内容,包括专题、视频、文章等。
- **促活**:利用一些激励手段,提升粉丝活跃度,让他们更加频繁地参与平台活动。
- **社群营销**:通过互联网将有共同兴趣爱好的人聚集在一起,将一个兴趣圈打造成为消费家园,通过产品或服务来满足群体需求而产生的商业形态。

尝试用 ACU（直播间平均在线人数）、ROI（投资回报率）、GMV（直播间销售总金额）、CTR（点击率）、CVR（转化率）、UV（平均每人下单金额）、PCU（直播间在线人数最大值）、直播间 PV/UV（观看人次、观看人数）的指标达成度来判断是否达到引流的目标。

引导问题 3　诱饵策略设计。

商家引流，必须讲策略。无论采用哪种引流方式，都需要设计诱饵。通过为目标流量人群输出价值，吸引客户主动加入商家流量池。流量诱饵的具体分类，如图 3-3-6 所示。

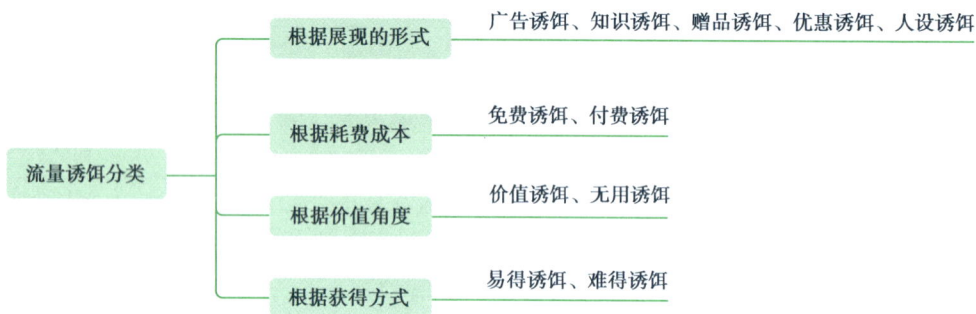

图 3-3-6　流量诱饵分类

针对品质生活客户，以母婴行业为例，流量诱饵可以设置为如图 3-3-7 所示。

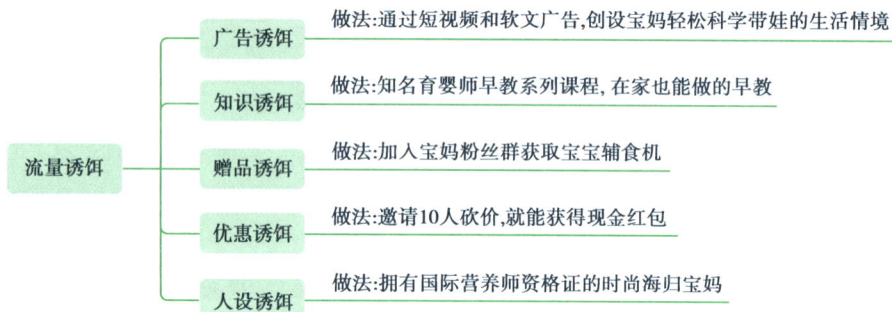

图 3-3-7　流量诱饵设置举例

知识窗

不同网络人群属性有不同的需求和特征，一般的企业把私域流量人群划分为活跃分享家、粉丝种草党、精明消费者、品质生活家、潜水跟随者。

如何设置有效的流量诱饵，可以需要遵循的原则见表 3-3-3。

五类人群的行为特征

表 3-3-3　流量诱饵设置原则

原则	内涵
相关性原则	流量诱饵要与产品相关或互补,才有利于获取精准度流量,实现流量变现
高价值原则	所设置的诱饵要有一定的吸引力才起到引流效果
成本控制原则	设置流量诱饵要考虑到企业资金实力,诱饵可以是实物,也可以是虚拟
设置门槛原则	太容易得到的诱饵往往得不到珍惜,或者被误认为价值低,所以要设置一定的门槛,例如转发图文并茂的优质点评到某平台才可以获得
先社交再成交原则	先通过社交平台建立信任感,再宣传产品,以便减少客户抵触

工作计划 🛒

请对标一个直播间,小组内讨论研究其引流的方法及其效果,见表 3-3-4。

表 3-3-4　对标直播间流量调研

对标主播昵称		
直播时间、平台		
相关指标	点赞数	
	在线观看人数	
	人气榜	
	其他	
引流方法	直播前	
	直播中	
	直播后	
效果		

讨论决策 🛒

小组内讨论任务书完成情况,分析优劣,综合每位同学的意见,确定小组的引流方案,见表3-3-5。

表 3-3-5　优化引流方案

内容	讨论前引流方案存在的缺陷	讨论后整理优化引流方案
引流目标的设定		
引流对象的选择		
流量诱饵的设置		
引流效果的评价		

工作实施 🛒

最近流量增长缓慢,主管要求小兰直播团队通过所学知识为直播间设计引流方案,请根据表3-3-6的主要内容,以小组为单位,为某小众品牌价格中等的口红进行引流策划。

表 3-3-6　设计引流方案

1.明确引流目标
2.明确引流对象
3.选择引流工具
4.设计具体做法(设置诱饵) 　　4.1　直播前 　　4.2　直播中
5.实施过程 　　5.1　直播前预热引流 　　5.2　直播文案引流 　　5.3　引导私域 　　5.4　流量变现
6.保持流量的对策
7.费用预算
8.效果预测

评价反馈

序号	评价项目	分值	自我评价（30%）		教师评价（70%）	
			小结	评分	点评	评分
1	任务完成情况	10				
2	团队合作情况	10				
3	制订直播引流方案	50				
4	优化直播引流方案	30				
	合计	100				

任务拓展

销售额＝客单价×流量×转化率，可见没有流量，销售额就是"0"，流量是财富的源泉。通过本任务的学习，你是否更了解流量的重要性和懂得了更多获取流量的密码？努力把知识转化为能力，积极尝试，就能够为具体的行业制订各具特色的引流方案，为他们找到流量的密码。

直播过程涉及一系法律法规

吸引流量成本越来越高，也越来越难。个别主播为了吸引流量，直播内容粗鄙低俗，甚至违法。吸引流量的前提是要遵守相关法律法规，请学习《互联网视听节目服务管理规定》《关于加强网络视听节目直播服务管理有关问题的通知》，并制作本小组的"直播公约"。

职场赋能

追求流量也应有底线

窃贼周某因为偷窃多次入狱，在采访视频中曾说"打工这方面，打工是不可能打工的，这辈子不可能打工的。做生意又不会做，就是偷这种东西，才能维持得了生活这样子"等言论。该视频被传到网上，引起热烈争议。周某出狱后，竟然有30家公司为了抓住流量，纷纷邀约周某签约，甚至开出过千万元报酬高价。

人民网、演艺协会及众多网友纷纷指责经纪公司蔑视法律、无视行业道德底线、恶意炒作，破坏行业健康生态，为了流量没有底线。流量再大，始终是劣质内容，终究经不起时间和市场的考验。最后，周某并没有签约任何公司，回家安心务农。

课后练习 🛒

一、单选题

(1)(　　)群体相对固定,同时拥有"点对点"和"点对多"的特性,互相之间有一定的信任度,开发价值较高。

A.静态流量　　　　　　　　　　B.搜索流量

C.文娱流量　　　　　　　　　　D.社交流量

(2)流量诱饵要与产品相关或互补,才有利于获取精准度流量,实现流量变现,这是(　　)。

A.高价值原则　　　　　　　　　B.先社交再成交原则

C.设置门槛原则　　　　　　　　D.相关性原则

(3)以下说法错误的是(　　)。

A.流量是电子商务的生命,即"无流量不电商"

B.相比于 KOL,KOC 的粉丝更少,影响力更小

C.所设置的诱饵要有一定的吸引力才起到引流效果

D.公共流量是自有粉丝池,即已关注自己的粉丝所带来的流量

二、判断题

(1)我们关注的并不是流量本身,而是流量的变现能力,即流量可以为店铺带来的经济利益。(　　)

(2)社交流量的特点是群体相对游离,用户忠诚度不太高。(　　)

(3)设置流量诱饵要考虑到企业资金实力,诱饵可以是实物,也可以是虚拟。(　　)

三、问答题

(1)举例说明"流量为王,引流无处不在"。

(2)判断是否达到引流目标的指标有哪些?

四、实训题

春节快到了,小兰的团队最近接到乡村年货的直播任务,为了增加流量,需要设置一些流量诱饵,请根据所学内容,小组讨论可以设置哪些诱饵吸引流量。

工作任务四

设计直播风险预案

任务情境

　　小兰直播团队最近听前辈说,有些同行为了吸引流量、刺激销售额,存在虚假宣传、将不合格产品作为奖品,还涉及侵权行为等,轻则被降权限流,重则要接受法律的制裁。小兰听后非常害怕,很担心自己在直播过程中一不小心触犯了"雷区",影响了团队。前辈安慰小兰并不需要担心,虽然直播过程中会出现什么问题难以预测,但有些风险还是可以进行防范的,并鼓励小兰多学习法律知识,严格遵守平台规则,做好预案,规范直播流程,做一名高素质的直播从业人员。

任务目标

通过本任务的学习与训练,应达到的具体目标如下:

素质目标

➢ 培养自主探究与团队协作学习。

➢ 培养实操过程中的风险防范意识及职业道德规范。

知识目标

➢ 了解直播运营相关法律法规。

➢ 了解直播风险防范的方法。

能力目标

➢ 能够根据直播风险做初步预案。

➢ 事件发生后,能合理处理风险事故。

任务书

　　完善产权保护、市场准入、公平竞争、社会信用等市场经济基础,优化营商环境,是构建高水平社会主义市场经济体制的重要工作内容。

　　新时期,直播行业迎来了发展的机遇,也有巨大的发展潜力,然而有不少主播没有风险意识和法律意识,导致经济损失,乃至违法犯罪,那么我们应该如何防范直播运营的风险呢?

请根据以下风险提示,梳理风险点,如图 3-4-1 所示。

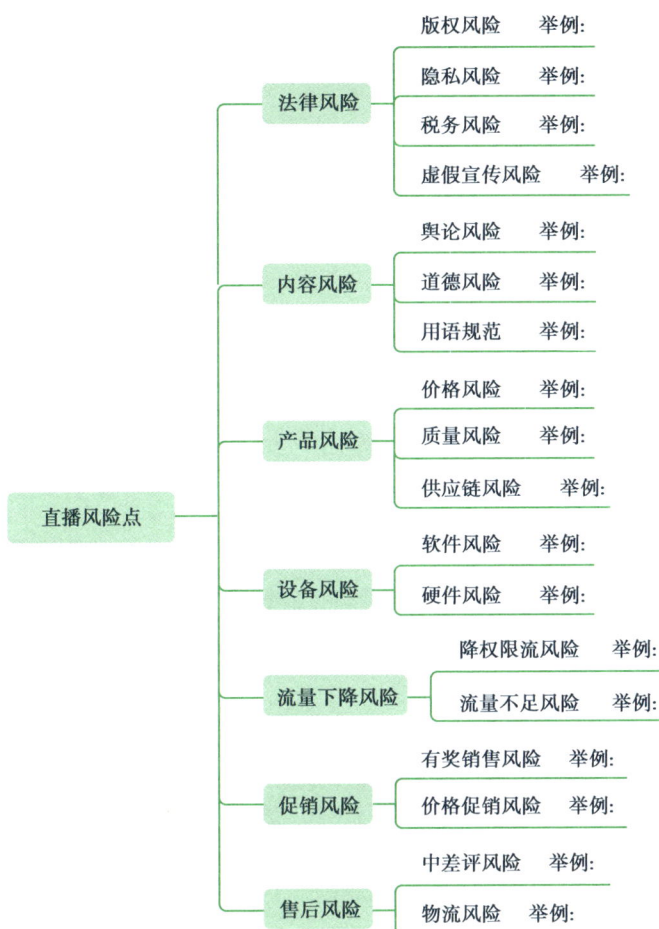

```
                                          版权风险      举例:
                         法律风险          隐私风险      举例:
                                          税务风险      举例:
                                          虚假宣传风险      举例:

                                          舆论风险      举例:
                         内容风险          道德风险      举例:
                                          用语规范      举例:

                                          价格风险      举例:
                         产品风险          质量风险      举例:
                                          供应链风险      举例:
       直播风险点
                                          软件风险      举例:
                         设备风险          硬件风险      举例:

                                          降权限流风险      举例:
                         流量下降风险        流量不足风险      举例:

                                          有奖销售风险      举例:
                         促销风险          价格促销风险      举例:

                                          中差评风险      举例:
                         售后风险          物流风险      举例:
```

图 3-4-1 梳理直播风险点

针对上述风险,讨论一下如何预防这些风险事故的发生,请填写表 3-4-1。

表 3-4-1 直播风险防范

风险类型	危害	防范手段

任务分组 🛒

教师需根据本任务内容对学生进行任务分配,让每位学生填写任务分配表,见表 3-4-2。

表 3-4-2　学生任务分配表

班级		组名		组长	
序号	组员	职能		任务分工明细	
1					
2					
3					
4					
5					

获取信息 🛒

引导问题 1　直播运营有哪些风险?

"未雨绸缪""居安思危""有备无患"等成语大家都非常熟悉,我们明白事事有风险,处处有风险的道理,但面对风险我们并不是无能为力,只有做好准备,才能规避风险,才能对抗风险。直播行业的快速发展之下,暗流涌动,潜藏着无数隐患,如果不做足风险预案,很可能因为一个错误或事故而把直播事业毁于一旦。只有敬畏风险,重视风控,才能在直播的事业上走得长远。

直播过程涉及一系法律法规

直播运营中,面临不少风险点,包括法律风险、内容风险、产品风险、设备风险、流量下降风险、促销风险和售后风险。

引导问题 2　如何做好风险防范?

直播具有公开性、即时性、互动性等特点,为了进行风险防范,提高直播工作的专业性,我们非常有必要进行风险防范,常用的直播风险防范手段如图 3-4-2 所示。

知识窗 🛒

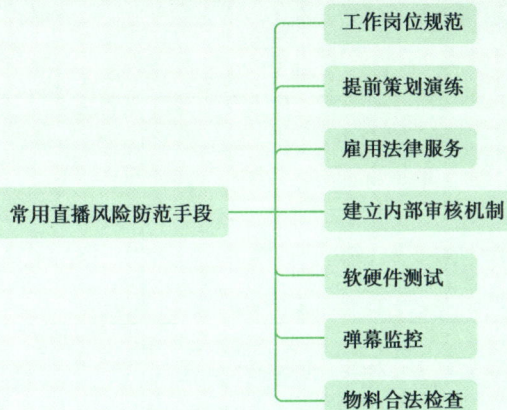

图 3-4-2　直播风险防范手段

工作计划 🛒

查阅资料,浏览相关网页,列明直播各阶段的风险点与防范手段,见表3-4-3。

表 3-4-3　直播风险防范与监控

运营阶段	风险点	防范手段
直播前		
直播中		
直播后		

讨论决策 🛒

对比其他小组展示的方案,听取老师的意见,优化本小组的方案,见表3-4-4。

表 3-4-4　优化风险预案表

组内成员	遇到的难点及解决方法	优化设计方案

工作实施

　　为了降低直播运营风险,主管要求小兰直播团队做好风险预案,并要求他们在风险防范主题会议开会前,针对女装产品,先梳理好做一份简单的《直播风险防范及应急方案》,见表 3-4-5。

表 3-4-5　直播风险防范及应急方案(简易版)

一、指导思想

二、适用范围

三、风险防范措施

风险类型	风险描述	防范措施	职责分工	事故处理程序
例: 内容风险	主持人用语不规范,影响企业形象,甚至触犯法律	(1)定期进行培训,提高整个团队的职业素养; (2)严格审核主播的主持稿件; (3)提前策划演练	(1)编导把控脚本的内容,台词设计; (2)直播运营人员做好场控工作,调整主播问题; (3)主播严格遵守语言规范,熟悉法律,不断提高专业性; (4)助播及时提示主播,帮助主播做场控或圆场	(1)及时通过弹幕评论等监控观众的反应; (2)主播、助播根据用语不规范的程度,及时转移话题、圆场或道歉,申明立场,重塑形象

评价反馈

序号	评价项目	分值	自我评价（30%）		教师评价（70%）	
			小结	评分	点评	评分
1	任务完成情况	10				
2	团队合作情况	10				
3	风险识别能力	30				
4	风险防范能力	50				
	合计	100				

任务拓展

作为新兴的网络营销方式，直播风险事故频繁发生，倘若从业人员缺乏法律知识或风险意识，直播事业将难以为继。课后多学习平台规则和相关法规法律，只有对直播过程的风险进行预防、控制，做好事故预案，才能化险为夷，减少风险事故的发生和危害。

职场赋能

某主播涉嫌卖燕窝假货　直播间或面临永久封停

2020年10月25日，某主播在其直播间售卖一款燕窝产品，随后有消费者称售卖的燕窝是糖水而不是燕窝。主播则表明自己选的产品不会有假，还严正声明称会对诽谤直播间购买假燕窝的消费者进行起诉。还称直播间所售燕窝为合格正品。经职业打假人的验证，直播间售卖的燕窝确为假燕窝，成本不到一块钱，直播间存在欺诈消费者的嫌疑。2020年12月23日，广州市场监管部门宣布该直播间存在虚假宣传的行为，并罚款90万元。直播平台也对直播间封停60天，其团队的其他直播间也被处以不同程度的处罚。

封停期限满后，该主播多次造势筹谋复出直播，但遭到消协和媒体抵制，称不应再给不良主播提供平台，应确保广大消费者的合法权益，直播间或面临永久封停。（资料来源：搜狐新闻）

课后练习

一、单选题

(1)以下哪一项不属于直播风险中的产品风险?(　　　)

    A.价格风险　　　　　　　　　　　B.质量风险

    C.供应链风险　　　　　　　　　　D.物流风险

(2)以下说法正确的是(　　　)。

    A.做好了风险预案,风险就不会发生了

    B.直播风险比线下销售风险小

    C.只要随机应变能力强,就不需要做风险预案

    D.可以通过预防、控制、避免和转移等手段进行直播风险管理

(3)以下不属于直播风险防范的常用方法是(　　　)。

    A.制订工作流程规范　　　　　　B.雇佣法律服务

    C.提前软硬件测试　　　　　　　D.事后补救

二、判断题

(1)直播运营中,面临不少风险点,包括法律风险、内容风险、产品风险、设备风险、流量下降风险、促销风险和售后风险。　　　　　　　　　　　　　　　　(　　　)

(2)要做好主播尤其是头部主播政策法律法规和相关知识培训。　　(　　　)

(3)未实名制注册的用户不能打赏,未成年用户不能打赏。　　　　(　　　)

三、简答题

(1)直播从业人员可能会遇到哪些风险?

(2)如何避免直播风险的发生?

四、实训题

小兰团队正在进行风险自查,请根据《国家广播电视总局关于加强网络秀场直播和电商直播管理的通知》文件(扫描二维码),设计一份风险自查表,逐一排查。

实训题

序号	内容	现状	整改与反思
1	例如:"以价值观为导向打造精品直播间板块或集群,让有品位、有意义、有意思、有温度的直播节目占据好位置,获得好流量。"	目前,团队直播间的内容主要以产品介绍为主,偶尔植入热点话题以获取流量	要注意传播正能量,植入热点话题需要谨慎选择,在获取流量的同时,要注意内容的审核,定期组织培训以提高团队成员的文化品位和综合素养

续表

序号	内容	现状	整改与反思
2			
3			
4			
5			
6			

工作领域四
直播运营实施

工作任务一

使用直播设备

任务情境

在电商公司实习的小兰,已经在直播调研、直播策划等岗位上进行了学习,在实践中检验了学校学习的效果,并获得了更多实践实操经验。接下来公司将安排她到直播实施环节的岗位上实习工作,接到的第一个任务就是学习使用直播设备。

俗话说,工欲善其事,必先利其器。专业且合适的直播设备,才能把主播丰富多彩的技能更好地展现给用户,直播设备的完善连接,直接关系到整个直播活动最后呈现的效果。因此,熟练掌握直播设备的使用,是每个直播团队人员必须掌握的技能。

任务目标

通过本任务的学习与训练,应达到的具体目标如下:

素质目标

➢ 培养学生精益求精的工匠精神。

➢ 增强学生学习的能动性、工作的细致性。

知识目标

➢ 熟悉直播设备的性能和使用。

➢ 熟练掌握直播设备的连接和调试操作。

能力目标

➢ 能制订不同类型活动的直播设备配置方案。

➢ 能够处理直播过程中遇到的设备问题。

任务书 🛒

按照你的既有经验,请上网搜索查找,为直播寻找好的设备,完成表 4-1-1。

表 4-1-1　为直播寻找好的设备

序号	设备名字	品牌和型号	参考价格

　　直播所用到的设备有很多,不同的直播场景,使用的设备是有一定差异的。比如室内直播可以使用电脑和手机,室外直播一般选择手机更为方便;K 歌直播侧重声卡和麦克风的选择,而游戏直播对电脑、手机的配置要求更高。下面请同学们按照室内和室外两个不同场景来分析一下其所需的直播设备器材,认真思考并完成图 4-1-1 和图 4-1-2 的填空。

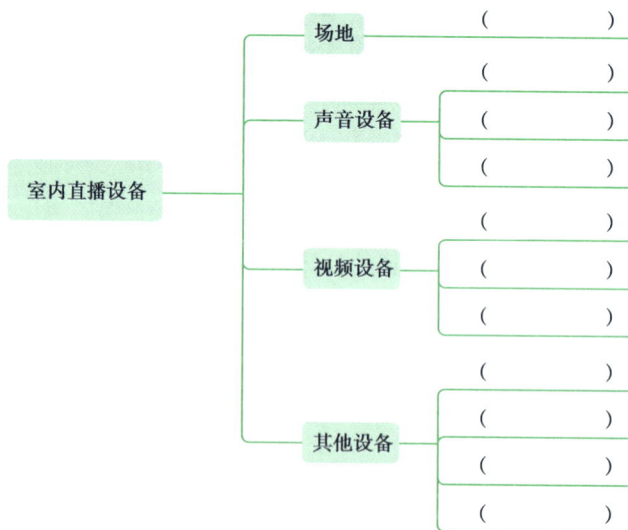

```
室内直播设备 ─┬─ 场地 ─────── (          )
              │
              ├─ 声音设备 ─┬─ (          )
              │           ├─ (          )
              │           └─ (          )
              │
              ├─ 视频设备 ─┬─ (          )
              │           ├─ (          )
              │           └─ (          )
              │
              └─ 其他设备 ─┬─ (          )
                          ├─ (          )
                          ├─ (          )
                          └─ (          )
```

图 4-1-1　室内直播设备

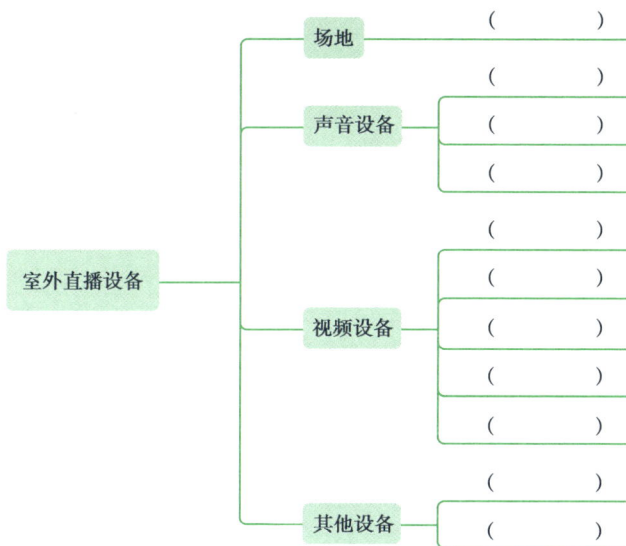

图 4-1-2　室外直播设备

任务分组

教师需根据本任务内容对学生进行分配,让每位学生填写任务分配表,见表 4-1-2。

表 4-1-2　学生任务分配表

班级		组名		组长	
序号	组员	职能	任务分工明细		
1					
2					
3					
4					
5					

获取信息

引导问题 1

直播设备介绍。

引导问题 2

归纳对比手机直播和电脑直播的优缺点?完成表 4-1-3。

直播设备
介绍

表 4-1-3　手机直播和电脑直播的优缺点

直播类型	优点	缺点
手机直播		
电脑直播		

知识窗

　　如果利用手机进行直播,可以采用基本组合:手机+支架+音乐播放设备+补光灯+有线耳机,或者升级组合:手机+支架+音乐播放设备+补光灯+麦克风+声卡。

　　除了手机直播,也可以用电脑直播,基本设备包括:电脑+音乐播放设备+摄像头+声卡+补光灯+麦克风。

工作计划

　　查阅资料,浏览相关网页,请根据不同直播类型,设计不同的直播设备配置方案,完成表 4-1-4—表 4-1-6。

表 4-1-4　服装销售类直播配置表

类型	情景说明	所需设备及数量	作用说明	型号
直播带货（直播间）	【类型】服装直播间，女装 【取景】中景、近景 【视频采集】电脑直播+手机推流 【要求】主播站播、有立体感、光线明亮，服装有质感	例：一台手机一台电脑	电脑直播（利用推流软件），手机监播及互动	华为智能手机，电脑配置一般 CPUi5 或者 i7，内存 8 G、独立显卡和声卡

表 4-1-5　室内小型新品发布会直播配置表

类型	情景说明	所需设备及数量	作用说明	型号
新品发布（室内小型）	【类型】厨房小家电产品 【取景】全景、中景 【视频采集】电脑直播 【要求】单机位直播，线上线下同步进行	例：一台摄像机和机架	采集视频画面	卓耀科技高清摄像机

表 4-1-6 户外活动直播配置表

类型	情景说明	所需设备及数量	作用说明	型号
果园采摘（户外）	【类型】户外荔枝采摘 【取景】全景、中景、近景 【视频采集】运动相机 【要求】单机位直播，线上线下同步进行	例：一台运动相机	视频采集，视觉广，拍摄清晰，移动灵活	大疆 Aciton2 手持运动相机

讨论决策 🛒

小组内讨论每个同学的直播设备配置方案，分析优劣，综合每位同学的意见，确定小组的组中配置方案，完成表 4-1-7。

表 4-1-7 优化直播设备配置方案表

组内成员	遇到的难点及解决方法	优化设计方案

续表

组内成员	遇到的难点及解决方法	优化设计方案

工作实施

　　明天,公司要在直播间准备一场厨房小家电的新品发布暨优惠促销直播活动,所需直播设备包括手机、电脑、话筒(含电源和支架)、外置摄像头、外置声卡、音箱和插排等都已经配备到了指定的直播间。现在部门领导要求小兰提前做好设备连接,确保直播顺利进行。请根据小提示将各个设备连接到声卡示意图 4-1-3 上。

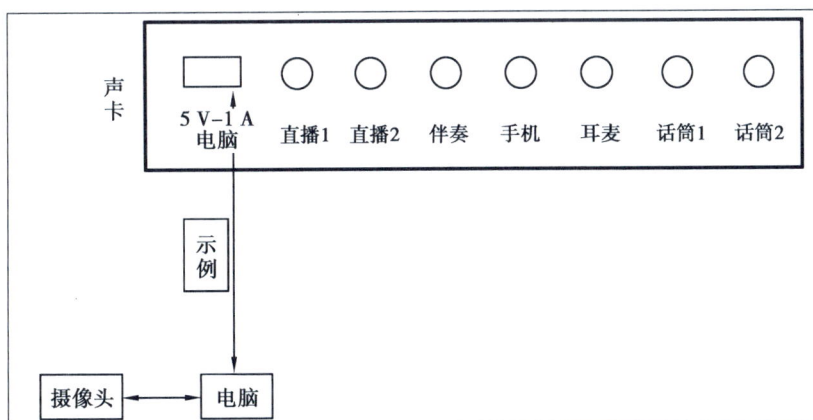

图 4-1-3　声卡连接示意图

知识窗 🛒

利用声卡进行直播以及设备的连接方法

声卡的工作原理,简单来说,就是将我们在麦克风输入的音频信号转换成数字信号传送到电脑,最后数字信号经过处理,还原成音频信号输出。

直播声卡最大的作用是修复使用者的声音瑕疵,可以给声音加特效、让播放出来的声音更好听。直播声卡还有降噪功能,在有背景音乐的直播间,主播们讲话的时候背景音乐会突然降低,当主播说完背景音乐就恢复音量。此外,直播声卡还可以使用声卡自带的掌声、亲嘴、鄙视、笑声等趣味音效,利用直播氛围特效带动人气,让你的直播显得不再单调。

直播时,各种设备的作用分别见表4-1-8。

表 4-1-8　直播设备连接表

声卡接孔	连接设备	作用
直播孔	手机/电脑	利用手机或者电脑进行直播,打开直播软件,进入直播模式
伴奏孔	手机/电脑	伴奏设备上播放的音乐会通过声卡直接录入到直播软件中,使得观众可以听到伴奏的歌声
耳机孔	耳机/音响	耳机可以让主播在直播时能够听到自己的声音,从而能够很好地控制音调、分辨伴奏等。现场直播时,就可以利用音响代替耳机
耳麦孔	耳机和麦克风的整合体	耳麦是耳机与麦克风的整合体。普通耳机往往是立体声,而耳麦多是单声道的,同时,耳麦有普通耳机所没有的麦克风
话筒孔	麦克风	拾取声音到声卡,进行修复和完善后,再经过耳机或者音响输出扩大

这些工具设备是如何串联的呢? 这里就用图4-1-4—图4-1-9来介绍几种声卡直播连接示意图。

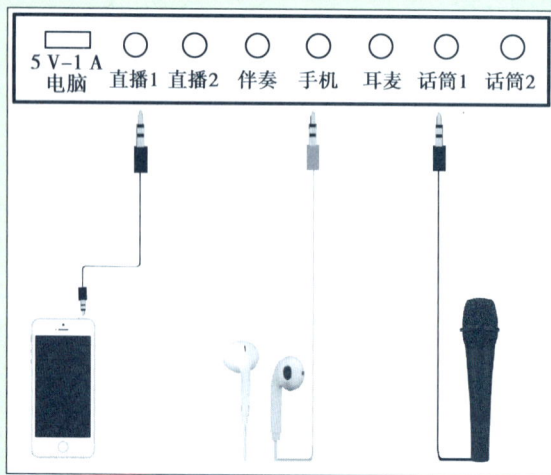

图 4-1-4　单手机直播示意图

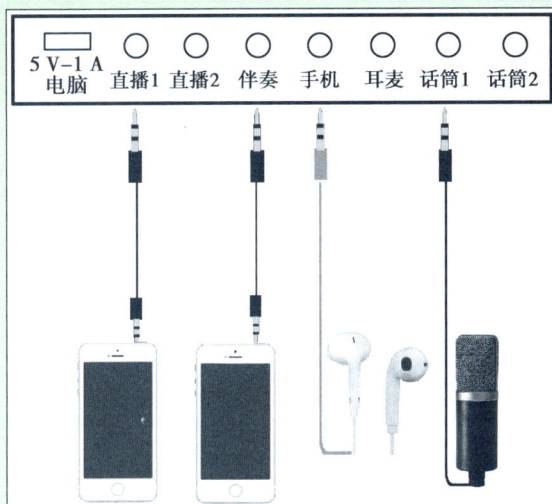

图 4-1-5　双手机直播示意图

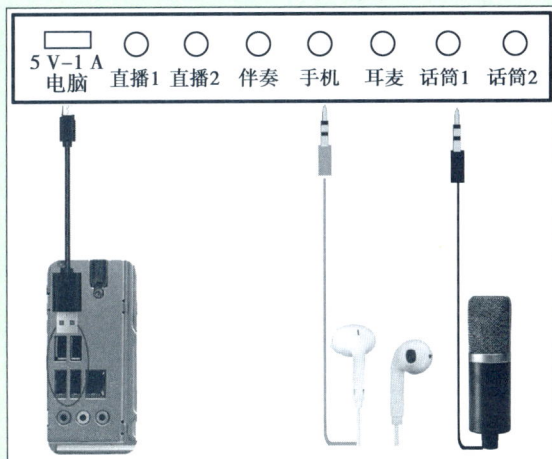

图 4-1-6　电脑直播示意图

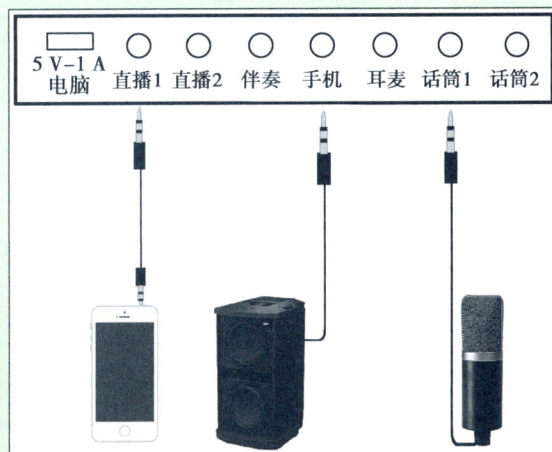

图 4-1-7　声卡连接音箱示意图

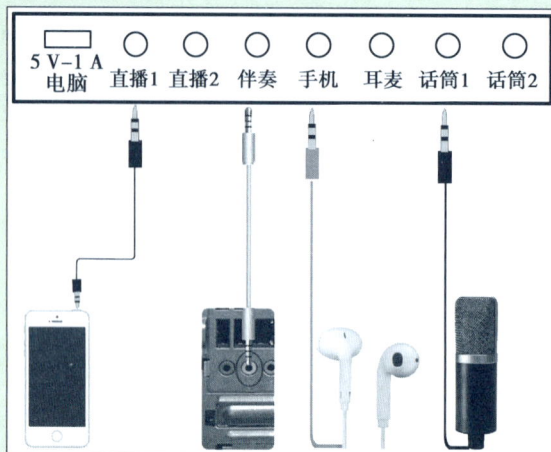

图 4-1-8　手机直播电脑伴奏示意图

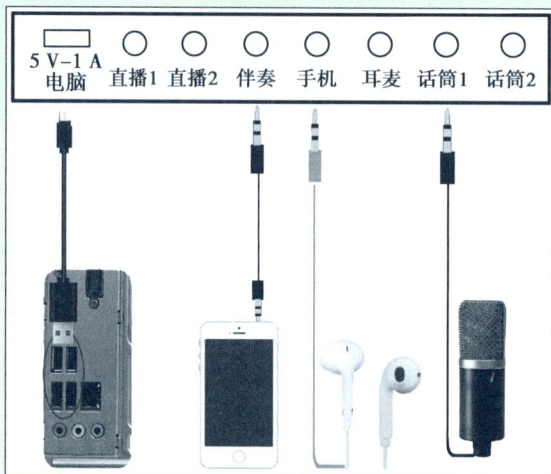

图 4-1-9　电脑直播手机投屏示意图

评价反馈

序号	评价项目	分值	自我评价（30%）		教师评价（70%）	
			小结	评分	点评	评分
1	任务完成情况	10				
2	团队合作情况	10				
3	掌握直播设备的用途和性能	30				

续表

序号	评价项目	分值	自我评价(30%)		教师评价(70%)	
			小结	评分	点评	评分
4	配置不同类型的直播设备方案	30				
5	熟练串联基础的直播设备	20				
	合计	100				

任务拓展

同学们通过本任务的实施,能够熟练掌握直播设备的相关知识,主要包括明晰室内直播和室外直播所需要的不同设备,以及各种设备的性能。课后,请同学们录制为不同类型活动配置合适的直播设备,并串联调试设备的讲解演示视频。

职场赋能

小丽是一个很聪明的学生,学知识和技能都很快,因此在实习时一开始就虏获了各个同事的喜欢,并获得了很多学习机会。但是,小丽认为自己聪明,有能力,因此好高骛远,看不上一些细节的工作,觉得这些细节工作太简单,没有挑战性,因此不认真对待。

有一次,领导让她负责直播前的准备工作,把各个设备连接并调试好。她认为这个工作非常简单,而且这些设备每场直播都一直在使用,就理所当然地认为没有问题。结果,直播开始之后,却没有声音播放出来。工作人员一番检查才发现话筒根本没有连接上。这让主播和公司同事非常生气。

天下难事,必作于易;天下大事,必作于细。很多事情的成败往往取决于细节,所以不管自己的能力到什么程度,都不能忽视工作的细节。

课后练习

一、选择题

(1)手机直播的优点不包括以下哪个?(　　　)

   A.便携性　　　　　　　　　　　　B.操作连接较为简单

   C.开播成本高　　　　　　　　　　D.流量、无线网络都可以播

(2)以下哪个设备不属于室内直播设备?(　　　)

   A.手机　　　　　　B.直播桌椅　　　　　　C.移动电源　　　　　D.灯光

(3)以下不属于直播声卡作用的是(　　　)。

    A.修复使用者的声音瑕疵　　　　　B.增加特效

    C.降噪　　　　　　　　　　　　　D.录音

二、判断题

（1）计算机直播的优点包括稳定性好、音质和画质比较好,便携性好。　　（　　）

（2）直播伴奏可以用计算机,也可以用手机。　　　　　　　　　　　　（　　）

（3）声卡只有优化声音的功能。　　　　　　　　　　　　　　　　　　（　　）

三、简单题

（1）五灯布光法包括哪五个灯?

（2）计算机直播的优点有哪些?

四、实训题

小兰的团队接到公司的任务,要为公司即将开展的某国产化妆品的直播活动配置设备,该直播活动在室内进行。请根据所学内容,参考互联网信息,拟定一个化妆品直播所需要的设备清单。

工作任务二　　　　　　　　　　　　　　　　　　　　　　NO.2

直播间的布置

任务情境

小兰在实习公司搞清楚了各种直播设备器材的使用和连接方法后,就接到了公司进一步的任务——布置直播间。

一场直播能够吸引人、留住人,除主播和福利外,直播间布置也有很大影响。直播间是主播开展直播活动与用户交流互动的场所,是粉丝进入直播间后的第一视觉感受,直接影响粉丝的观看体验。对于电商直播来说,直播间要突出营销的属性,可以根据直播内容来定位直播间的整体风格。总的来说,一个赏心悦目的直播间,往往能够快速吸引粉丝的观看兴趣。

任务目标

通过本任务的学习与训练,应达到的具体目标如下:

素质目标

➤ 培养学生主动深入学习的钻研精神。

➤ 提高学生学习的能动性、培养认真细致工作的良好习惯。

知识目标

➢ 熟悉直播间的空间、场景和灯光布置的要求。

➢ 熟悉直播间的空间、场景和灯光布置的原则。

能力目标

➢ 能够针对不同直播类型设计布置不同的直播间。

➢ 能够熟练掌握多种灯光布置方法。

任务书

一个直播间的区域主要可以划分为主推区、产品区、道具区。根据大家曾经看到过的直播间的情况，请回答以下问题：

1.商品放在哪个位置，用户能2 s内就看出我是卖什么的？

2.除了主播展示区外，想让用户看到的其他商品应该放在哪个区域？

3.想让用户通过屏幕看到一些增强品牌信任度、福利活动等卖点信息，该放在哪里？怎么放？

直播间的布置可以分为空间大小、场景布置、灯光布置这三大部分来进行，不同的直播内容，这三部分的布置也会有所不同，如图4-2-1、图4-2-2所示。

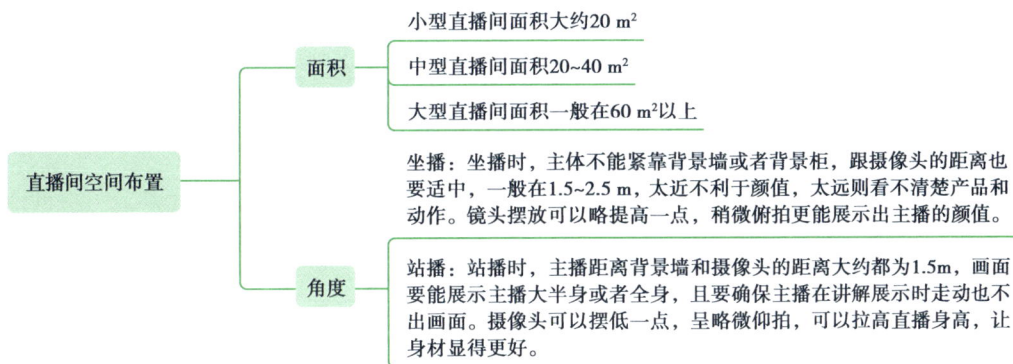

直播间空间布置

面积
- 小型直播间面积大约20 m²
- 中型直播间面积20~40 m²
- 大型直播间面积一般在60 m²以上

角度
- 坐播：坐播时，主体不能紧靠背景墙或者背景柜，跟摄像头的距离也要适中，一般在1.5~2.5 m，太近不利于颜值，太远则看不清楚产品和动作。镜头摆放可以略提高一点，稍微俯拍更能展示出主播的颜值。
- 站播：站播时，主播距离背景墙和摄像头的距离大约都为1.5 m，画面要能展示主播大半身或者全身，且要确保主播在讲解展示时走动也不出画面。摄像头可以摆低一点，呈略微仰拍，可以拉高直播身高，让身材显得更好。

图 4-2-1　直播间空间布置思维导图

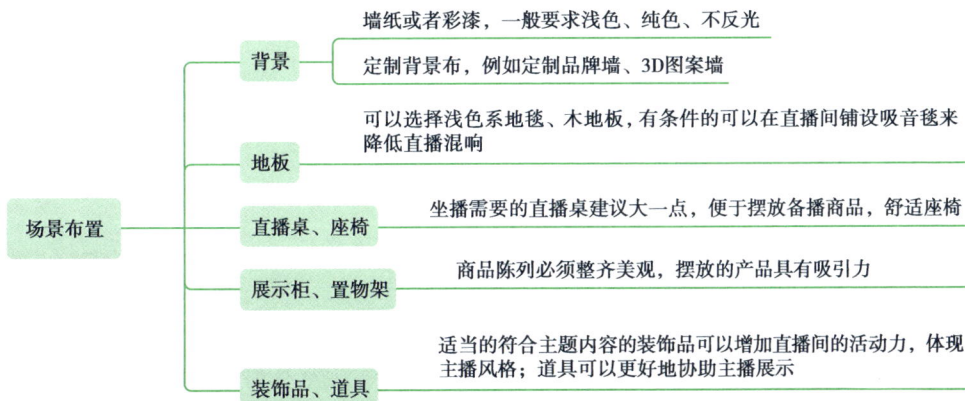

场景布置

背景
- 墙纸或者彩漆，一般要求浅色、纯色、不反光
- 定制背景布，例如定制品牌墙、3D图案墙

地板
- 可以选择浅色系地毯、木地板，有条件的可以在直播间铺设吸音毯来降低直播混响

直播桌、座椅
- 坐播需要的直播桌建议大一点，便于摆放备播商品，舒适座椅

展示柜、置物架
- 商品陈列必须整齐美观，摆放的产品具有吸引力

装饰品、道具
- 适当的符合主题内容的装饰品可以增加直播间的活动力，体现主播风格；道具可以更好地协助主播展示

图 4-2-2　直播间场景布置思维导图

根据以上两张思维导图的内容,请同学归纳总结零食类直播(坐播)和服装类直播(站播)的场景布置要素和要求,包括直播间大小、背景、展示柜或者衣架、假模、道具等,完成表格 4-2-1。

表 4-2-1　零食类和服装类直播的场景布置要素表格

零食类直播间场景布置		服装类直播间场景布置	
布置内容	要求	布置内容	要求
直播间大小	例:20 m² 左右	直播间大小	例:30 m² 左右

任务分组

教师需根据本任务内容对学生进行分配,让每位学生填写任务分配表,见表 4-2-2。

表 4-2-2　学生任务分配表

班级		组名			组长	
序号	组员	职能		任务分工明细		
1						
2						
3						
4						
5						

获取信息

引导问题 1

直播间的布局就是人物、表现主体等在镜头中的结构布局。在直播中的构图,主播占比不要超过 70%,也不要占比太小,要有适当的留白。坐播形式的主播位是固定的,站播形式的主播就要注意找好一个定点,主播离镜头不能太远也不能太近,要占据一个适当的位置,如图 4-2-3 所示。如果离得太远消费者会看不清展示的服装和货品,离得太

直播间空间选择和场景布置的基本原则

近会对消费者产生压迫感也不利于看清货品。大家也可以对照自己平时拍照的时候对照片的构图进行理解。

图 4-2-3　直播间结构布局

引导问题 2

一个好的直播间除了有适当的装饰和合理的布局外,灯光布置也非常重要。合理的灯光布置能够有效提升主播的整体形象,展现商品或品牌的亮点,烘托直播间的氛围。一般情况下,直播间里一套完整的灯光设备包括主光、辅助光、顶光、轮廓光、背景光,如图 4-2-4 所示。而直播中,灯光则尽量不要只用一个大灯,会导致光线不均匀、不好看。光线尽量柔和,射灯不能作为主要光源,会刺眼。

直播间的灯光布置

图 4-2-4　五灯布光法

知识窗 🛒

直播间对直播场地的基本要求。可以分别从室内和室外两个场景来说。

1.室内直播场地基本要求

(1)隔音、吸音效果良好,避免杂音的干扰和在直播中产生回音。

(2)室内光线效果好,能够有效提升主播和商品的美观度。

(3)室内空间充足。如果需要展示一些体积较大的商品,如钢琴、冰箱、电视机等,要注意空间的深度,确保能够完整地展示商品,直播画面要美观。

(4)如果需要使用顶光灯,层高一般控制在2.3~2.5 m,避免因顶光灯位置过低而导致顶光灯入镜,影响画面的美观度。

(5)为了避免直播画面过于凌乱,在直播时不能让所有的商品同时入镜。

2.室外直播场地基本要求

(1)考虑室外的天气状况,一方面要做好应对下雨、刮风等天气的防范措施,另一方面要设计室内备用方案,避免在直播中遭遇极端天气而导致直播延期。

(2)如果选择在傍晚或夜间直播,还需要配置补光灯。

工作计划 🛒

小兰所在的实习公司现在要开展美妆产品直播和小家电产品直播,请根据这两类产品直播特点,结合所学的直播间空间选择、场景布置,再配以合适的灯光布置,对这两类直播间进行完整的布置,完成表4-2-3和表4-2-4。

表4-2-3 美妆产品直播间布置

类型	场地	场景		灯光
美妆类直播		直播间大小	例:50~60 m²	(用文字描述布光法,明确灯光选择的要求和摆放的位置)
		直播间背景		
		展示柜		
		桌椅		
		道具		
		其他		

表 4-2-4　小家电直播间布置

类型	场地	场景		灯光
小家电直播（风扇）		直播间大小		（用文字描述布光法，明确灯光选择的要求和摆放的位置）
		直播间背景	例：大型卖场的虚拟背景图	
		展示区		
		地面		
		道具		
		其他		

讨论决策

　　小组内讨论每个同学的直播间布置方案，分析优劣，综合每位同学的意见，确定小组的组中配置方案，填写表 4-2-5。

表 4-2-5　优化直播间布置方案表

组内成员	遇到的难点及解决方法	优化设计方案

续表

组内成员	遇到的难点及解决方法	优化设计方案

工作实施

现在请同学们根据直播间布置的原则和技巧,将以下区域功能填写到图 4-2-5 正确的方框内,完成直播间布局图。

1.将以下内容填写在站播布局图的正确位置:主播展示区、摄像头、2 台球形灯、环形灯、电脑桌(运营/助理场控等)、产品陈列区、背景陈列区(货架、背景 T 台、展示板、假模等)、白光射灯、第二直播背景,完成图 4-2-5。

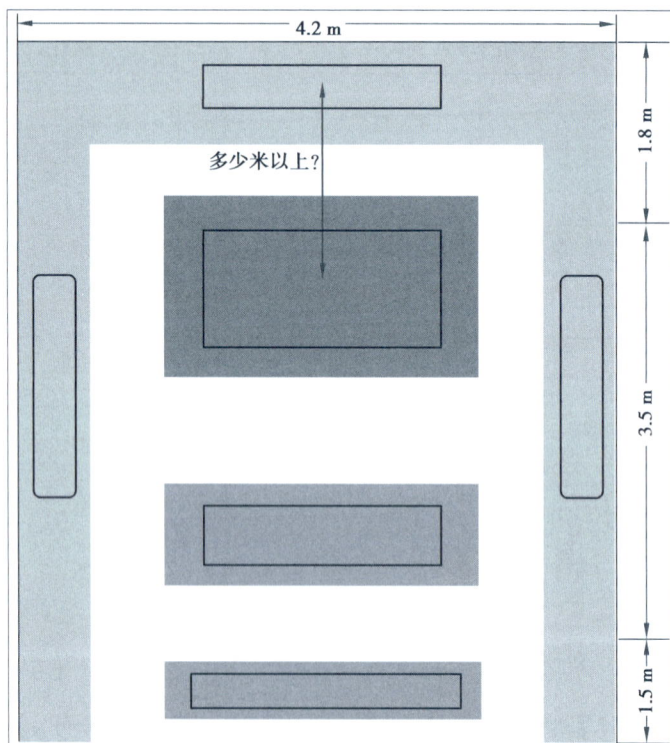

图 4-2-5 站播布局图

2.参照示例,将站播布局图里面的各个区域,按照正确位置放进坐播布局图内,完成图 4-2-6。

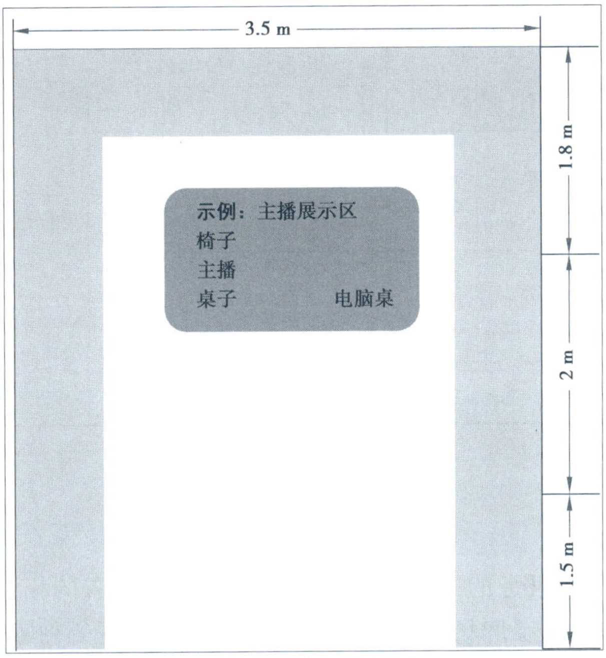

图 4-2-6　坐播布局图

知识窗

站位：主播在直播间的站位，不要离墙壁太近，容易给人造成压抑感，让人不舒服。距离墙壁距离必须超过 1.5 m。主播占据直播画面 2/3 为最佳。不管是拍全身还是拍半身，占直播间 2/3 即可，不要占太大面积，会使画面不协调。

机位：如果要展示主播全身，摄像头的高度在主播肚脐的高度。展示半身，摄像头机位在胸口的位置即可。根据实际的直播场景调整高度即可。

评价反馈

序号	评价项目	分值	自我评价（30%）		教师评价（70%）	
			小结	评分	点评	评分
1	任务完成情况	10				
2	团队合作情况	10				
3	选择合适的直播空间	30				

续表

序号	评价项目	分值	自我评价（30%）		教师评价（70%）	
			小结	评分	点评	评分
4	能够进行直播间场景布置	30				
5	能够进行直播间的灯光布置	20				
合计		100				

任务拓展

同学们通过本活动任务的实施，能够熟练掌握直播间布置的相关知识，主要包括直播间空间大小的选择，直播间场景的设置、直播间灯光的布置等内容。课后请上网搜索五个不同类型的直播间，研究其直播间布置，并写出各个直播间场景的优劣之处。

职场赋能

小刚和小伟同在一家直播电商企业实习。由于还在实习期，两个人的工作并不多。但是，小刚总不肯闲着，除了领导、同事交代给他的任务外，他一会儿跟这个同事学学营销方案的策划，一会儿跟那个同事学学直播间商品选品，还经常帮助别人干活儿。小伟却不这么勤快，没有吩咐的任务他不愿意主动多干一点。

每次直播结束后，小伟都会直接下班，而小刚都会主动留下来整理归置直播上用过的商品和道具，还会把直播间认真清理一番。小伟经常嘲笑他说："老兄，别太傻了，不该干的活儿也干了，实习期那么勤快有什么用！"小刚却笑了笑说："反正也花不了很多时间，把直播间整理归置好，大家用起来方便很多，心情也舒畅嘛。"

小刚这些细节，都被领导看在眼里，记在心里。实习期结束时，领导对小刚说："你勤快、细致、周到的品格，让我很感动。我认为你是一个有潜力的人，你愿意毕业后回来公司工作吗？"

小刚毕业后进入该公司就获得了重视，得到了很多宝贵的历练机会。经过努力，他一步一步当上了这个公司的部门经理；而小伟却仍然在公司一线做着他觉得枯燥的杂事。

作为职场人士，我们必须去理解什么是敬业精神、怎样去敬业的问题。懂得敬业、能够敬业是一个人在职场中提升自己、拓展事业的前提，敬业精神所表现出来的积极主动、认真负责、一丝不苟的工作态度，是职场人士应当具备的品质，它是获得最佳工作业绩的有力保障。

课后练习

一、单选题

(1)小型直播间的面积大约在(　　　)?

A.20 m² 　　　　　B.40 m² 　　　　　C.60 m² 　　　　　D.10 m²

(2)下列哪项不属于场景布置的内容?(　　　)

A.背景 　　　　　B.地板 　　　　　C.面积 　　　　　D.直播桌椅

(3)直播间里一套完整的灯光设备包括哪几种光?(　　　)

A.主光、辅助光 　　　　　　　　B.顶光、轮廓光

C.背景光 　　　　　　　　　　　D.以上五种光均是

二、判断题

(1)坐播时摄像头可以摆放稍高一点,稍微俯拍更能营造出盛世美颜。站播时摄像头摆放得低一点,呈仰拍,可以拉长身高,让身材显得更好。　　　　　　　(　　　)

(2)背景墙和地板的颜色应该选择绚烂多彩的颜色,以增加直播间的美感。(　　　)

(3)直播中,灯光则尽量不要只用一个大灯,会导致光线不均匀不好看。(　　　)

三、简答题

(1)商品放在直播间的哪个区域,可以让用户在两秒内看出直播间卖的是什么?

(2)主播在直播间的站位距离手机和墙壁一般需要多远距离?主播站位有哪些注意的地方。

四、实训题

小兰的团队接到公司任务,需要为公司即将开展的某国产化妆品的直播活动布置直播间。直播活动在室内直播室进行,主要产品有口红、粉底液、遮瑕膏、睫毛膏、粉饼等。请根据所学内容,参考互联网信息,制订一个化妆品直播间的布置方案。

NO.3

工作任务三

调试直播软件

任务情境

某直播电商公司即将开展一场助农直播,场控实习生小兰负责开播前的准备工作,她在工作日记中写道:一场好的直播离不开开播前的充分准备,从样品盘点、优惠信息确认、直播脚本撰写到软硬件调试等都离不开团队的共同努力。直播软件是开播的基础,软件的基本设置,直播间的建立,直播预告的操作、客服号的操作都是为了保障主播和用户实时互动的顺利进行。随着直播行业,尤其是直播电商行业的火爆发展,直播软件也多种多样,主要有淘宝直播、抖音直播、快手直播、拼多多直播等软件平台。

任务目标 🛒

通过本任务的学习与训练,应达到的具体目标如下:

素质目标

➢ 提升学生团体合作意识、沟通能力和执行能力。

➢ 培养学生的认真细致工作态度。

➢ 培养学生严谨、负责、精益求精的匠人精神。

知识目标

➢ 了解抖音、淘宝、拼多多直播软件的平台规则和特点。

➢ 了解抖音直播间的设置流程。

能力目标

➢ 能够熟练掌握抖音直播间设置的操作要点。

➢ 能够独立创建抖音直播预告和公告。

➢ 能够完成商品上架。

任务书 🛒

每一场直播,场控人员必须提前完成软件调试、商品上架和信息确认等,才能开展直播。为达到直播预期视觉效果,做好软件基本操作是岗位必需的专业技能。请同学们跟小兰一起完成任务。

小兰团队准备创建一场以"爱心助农"为主题的生鲜直播活动,商品有芒果、百香果、柚子等多款国产水果。根据平台的特点和优势并结合助农任务,以抖音平台为例进行介绍。学习图 4-3-1 抖音直播间创建流程图,并结合相关操作和注意事项,完成直播软件调试任务。

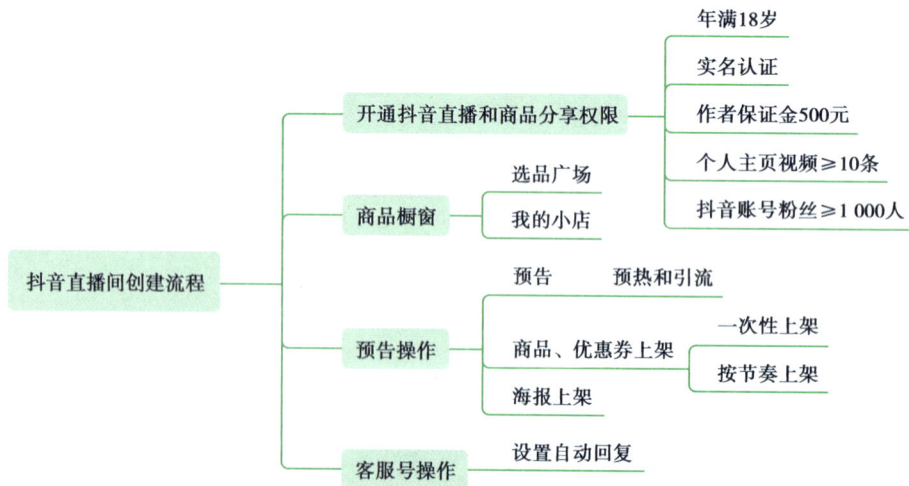

图 4-3-1 抖音直播间创建流程图

任务分组 🛒

教师需根据本任务内容对学生进行任务分配,让每位学生填写任务分配表,见表4-3-1。

表 4-3-1　学生任务分配表

班级		组名		组长	
序号	组员	职能	任务分工明细		
1					
2					
3					
4					

获取信息 🛒

引导问题 1

抖音本质上是个娱乐性较强的社交内容平台,集合了短视频推广和直播功能,自带流量优势。在拓展电商业务后,抖音持续探索流量变现路径,目前已形成以直播、兴趣点、购物车和抖音小店为核心的产品矩阵,连接线上与线下,赋能直播商家。学习抖音直播间创建流程图,查阅网络信息或相关资料,扫二维码学习抖音 PC 端直播间操作视频,了解抖音直播间设置流程。

引导问题 2

淘宝直播通过直播链接商品与用户,直接产生交易并达成主播、商家、用户三者的利益分配,淘宝直播凭借完善的商业基础设施和丰富的内容展现形态,以及多元的粉丝运维方式,打造出直播电商完整的产业链。扫二维码淘宝直播间操作、淘宝直播介绍,学习淘宝直播间操作、淘宝直播介绍,了解淘宝直播间设置流程。

抖音PC端直播间操作视频　　淘宝直播间操作　　淘宝直播介绍

知识窗 🛒

1.区分直播平台

随着直播电商行业的火爆发展,直播平台具备各自的特色和优势,主要从以下几方面进行区分:

平台类型:根据平台的表现形式可分为综合类、电商类、短视频类、专业类等。

用户特点:从年龄、地域、性别等角度分析平台用户的特点。

流量来源:公域流量和私域流量。

供应链:给用户提供直播产品或服务的上游或下游企业,主要指在直播平台内的卖家。

商品特点:平台直播销售的产品的主要类型,如农副产品类、美妆、服饰类。

KOL:(Key Opinion Leader,关键意见领袖):指对用户购买行为有影响力的人物。

直播带货模式:主播的类型有商家自播和达人导购。根据直播平台的特点和优势,以下以典型电商类平台——淘宝和拼多多为例进行直播平台特点区分,见表4-3-2、4-3-3。

表 4-3-2　淘宝直播平台特点

项目	特点
平台类型	电子商务平台,具有完善的供应链和运营体系
用户特点	基于淘宝生态圈,用户的购物属性强
流量来源	平台公域流量来源:手机淘宝首页、独立的淘宝直播 App; 私域流量来源:店铺微淘主页、店铺首页等; 站外流量来源:微博、微信公众号等
主要供应链	淘宝、天猫
直播商品属性	强体验性商品、消耗品受益较大; 在用户侧,观看服饰类商品直播的用户占比最多,观看珠宝类商品直播、亲子类商品直播、美食类商品直播、美妆类商品直播的用户数紧随其后; 在主播侧,服饰穿搭和珠宝的直播场次位居前列,大牌馆、买全球等综合性直播场次较少,但场均每小时观看人数较高
带货 KOL 属性	头部主播高度集中,尤其是护肤美妆、衣物服饰类
直播模式	商家自播和达人导购模式

表 4-3-3　拼多多直播平台特点

项目	特点
平台类型	电子商务平台,供应链和运营体系较为完善
用户特点	女性用户占比较大,用户大多分布在三四线及以下的城市和乡镇,追求低价且性价比高的产品
流量来源	平台公域流量来源:手机拼多多首页、直播广场、店铺主页、商品详情页等,更注重对商家私域流量的开发;微信群
主要供应链	拼多多自有供应链
直播商品属性	以低价白牌商品为主,家居生活类用品较多,其次为服饰、食品类商品
带货 KOL 属性	商家自播,没有形成头部主播影响力
直播模式	以商家自播为主

2.直播间设置

以抖音直播为例,下面是抖音直播间设置流程:

(1)设置抖音简介:首先要简洁明了,用最短的语句传递给用户足够多的信息;同时内容文字要容易理解,方便消费者快速接收信息。最后要体现账号的意义,能够给用户带来什么好处,如图 4-3-2、图 4-3-3 所示。

图 4-3-2　抖音个人主页封面

图 4-3-3　简介修改界面

（2）开通抖音直播

若要开通抖音直播，需进行实名认证即可，如图4-3-4、图4-3-5所示。

 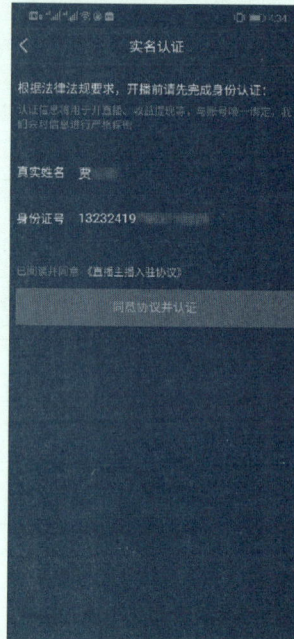

图4-3-4 "开始直播"界面　　　　图4-3-5 "实名认证"界面

（3）开通橱窗商品分享权限

个人要利用抖音直播带货，需要开通商品分享权限，开通这个权限要求个人主页视频数（公开且审核通过）≥10条，账号粉丝数（绑定第三方的粉丝数不算）≥1 000人。如果账号达到了这些要求，即可申请开通商品分享权限。如图4-3-6—图4-3-8所示。

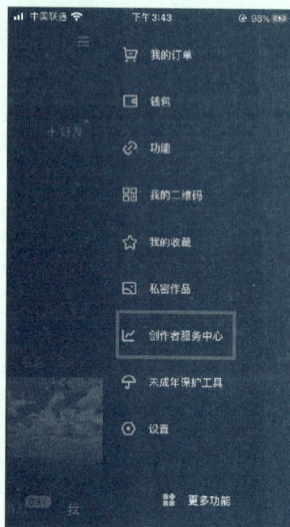  

图4-3-6 "创作者服务中心" 　　图4-3-7 "商品橱窗" 　　图4-3-8 选择"商品分享权限"
　　　　　界面　　　　　　　　　　界面　　　　　　　　　　　选项

（4）添加抖音精选联盟商品

开通商品橱窗后，可以在选品广场中添加"爆款"商品进行推广，以赚取佣金。如果想添加"选品广场"以外的商品，需要开通抖音小店。如图4-3-9、图4-3-10所示。

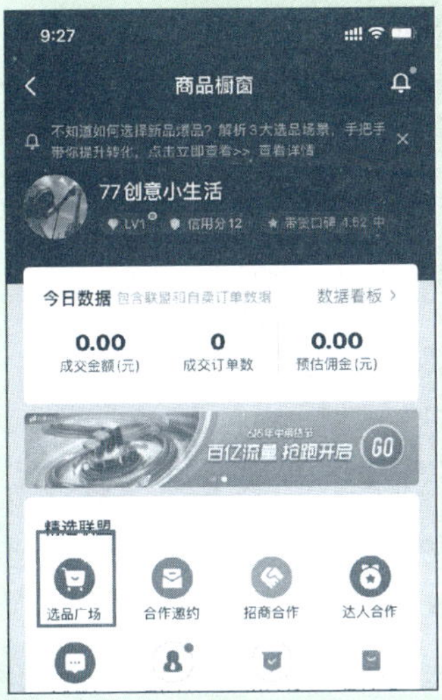

图4-3-9　"选品广场"所在界面 　　图4-3-10　"选品广场"内部界面

（5）设置直播间预告和公告

开抖音直播之前，需提前发布直播预告和公告，如直播时间、主题、宝贝利益点等信息，并通过订阅进行推送，用户可以通过直播动态第一时间匹配到相关内容。同时，可以在内容中引导粉丝设置"提醒"或进入直播间观看，达到提前引流的作用。如图4-3-11、图4-3-12所示。

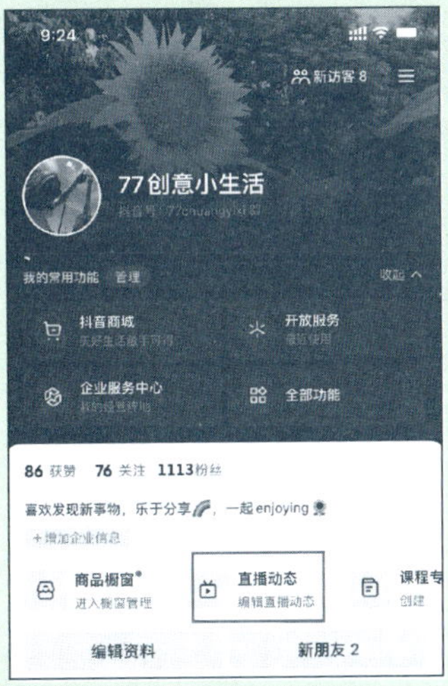

图4-3-11　"直播动态"所在界面　　图4-3-12　"直播中心"设置界面

（6）设置直播间屏蔽词

为创设更好的直播环境，保障主播协同平台一同维护良好的直播间互动环境，可以提前在直播间设置关键屏蔽词（建议对直播间有负面影响的词汇）。如图4-3-13、图4-3-14所示。

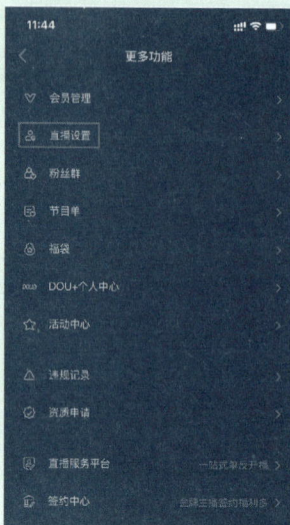

图 4-3-13　"更多功能"界面　　　　图 4-3-14　"屏蔽词管理"界面

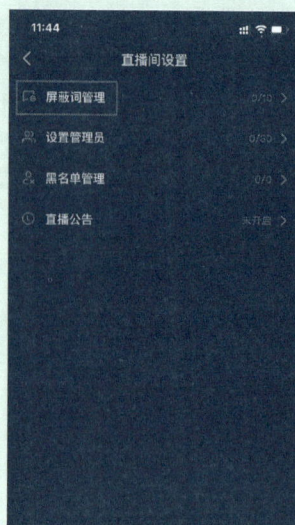

（7）商品橱窗管理

将商品添加到橱窗中后，用户可以根据需要对商品进行移除、置顶和秒杀等管理操作。如图 4-3-15、图 4-3-16 所示。

图 4-3-15　"商品管理"界面　　　图 4-3-16　"直播活动"设置界面

日常直播可以使用手机进行直播，操作简单不受场地和网络等限制，开播成本也小于 PC 端。但是，电脑直播稳定性比较好，有效避免直播卡顿、发烫、黑屏等情况，还可以外接优质的视频、音频设备，成像更清晰，音质更好。PC 端直播比手机功能更丰富，比如直播间轮播条、热卖商品悬浮卡等。同时，PC 端直播比手机直播可展示更多的

内容信息,比如主播带货、商品细节,视频等自由切换,用户浸入式体验感更完整。因此,直播时可以根据实际的应用场景和个人需求选择合适的形式直播。

3.OBS(Open Broadcaster Software,推流软件)

大部分的直播平台既可以用 App 手机端开播,也可以在 PC 端用直播伴侣进行开播,但如果想要多场景的设置,例如图像、文本、浏览器窗口、网络摄像头等,通过自定义实现场景之间的无缝切换可以使用 OBS 进行推流,并且无须额外安装直播软件,只需要通过 OBS 即可直接分享电脑桌面,或者是接入摄像头进行直播。如图 4-3-17、图 4-3-18 所示。

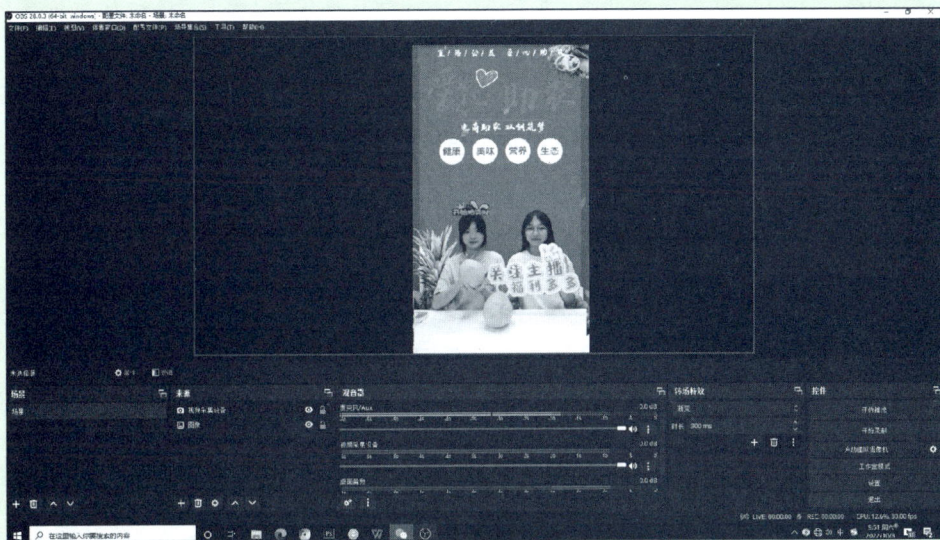

图 4-3-17　OBS 软件界面

图 4-3-18　OBS 成像效果

4.开播前注意事项

账号昵称:通俗易懂、突出人设、避免重复,如"贵州美食小吃""古筝鱼小溪"。

账号头像:图像清晰、主体突出、与账号定位一致。

账号简介:重点突出三个信息——我是谁、可以输出什么价值、关注我的理由。如:"旺旺食品:你旺,我旺,国人旺!""贵州特产,家乡的味道!""国风舞蹈,专注坚持中国古典舞艺术!"

直播间标题:一个好的直播标题,不仅可以起到有效的流量导入,还能强化主播人设和定位以及传达直播内容的效果,可参考直播标题设计公式:类目(产品)/目标人群+利益点,如:"富平柿子,甜蜜中国""暖冬节,保暖备齐喽""大山深处的农商品""国货正当潮,限时抢免单""妈妈装年货节提前购"等。

直播预告:如果直播前准备工作没有做好,直播过程中可能会遇到短视频引流效果不理想、看播人数不稳定、粉丝看播和互动少等问题。通过发布视频或者图文形式的直播预告,将下一场直播时间、开播信息提前推送给更多有潜在看播兴趣但可能错过直播时间的观众,提升看播量和流量转化效率。通过直播预告可以做到精准种草与收割,只要用户点击了预告"预约"按钮,不管是不是你的粉丝,都能够收到开播的消息推送,做好充分的前置准备,保障更好的观众互动体验。

直播公告:在不违反平台及国家规定的情况下,可以在公告处公布一些直播规定,防止大家违规影响到你的直播间;亦或是公布直播间福利活动。如在直播过程中发优惠券、红包、秒杀活动等,建议设置滚动播放,方便观众查看。

关键词屏蔽:为维护良好的直播间互动环境,直播间可以对不良词汇进行屏蔽,如:人身攻击类、辱骂、团伙性恶意评论和广告引流等关键词(不支持对普通观看者负面的评价做关键词拦截)。一个用户最多可屏蔽30个关键词,且每个关键词的长度为2~7个字符,输入字符必须是中文、英文和数字,其他不生效。

工作计划

根据任务分配表,通过查找资料完成表4-3-4直播平台特点对比表,了解不同直播平台的特点,才能为后期开播做好充分准备。

表4-3-4 直播平台特点对比表

平台	抖音	淘宝	拼多多
平台类型			
用户特点			
流量来源			

平台	抖音	淘宝	拼多多
主要供应链			
带货商品属性			
带货 KOL 属性			
直播带货模式			

讨论决策

　　小组内讨论创建直播间的计划,完成表 4-3-5 优化设计方案表,综合每位同学的意见,确定直播软件。

表 4-3-5　优化设计方案表

组内成员	遇到的难点及解决方法	优化设计方案

续表

组内成员	遇到的难点及解决方法	优化设计方案

工作实施 🛒

小组内讨论每个同学分工,分析工作内容,综合每位同学的意见,确定直播软件,完成表 4-3-6 直播间创建内容表。

表 4-3-6　直播间创建内容表

直播平台	
直播间标题	
直播间介绍	
直播预告	
直播公告	
关键词屏蔽设置	

根据直播间创建内容表,按照以下步骤进行直播间软件调试任务,同时安排每组代表结合该组作品进行汇报。

步骤 1:选择适合的直播软件,给账号命名,要求与"爱心助农"主题相符。

步骤 2:撰写账号简介,不允许使用极限词、虚假信息,内容建议突出重点,积极阳光。

步骤 3:开通商品橱窗商品分享权限,添加商品。

步骤 4:点击"直播动态"编辑直播公告和发布直播预告,不允许使用极限词、虚假促销信息,内容建议直戳痛点、突出重点,包含福利吸引点,可以参考图 4-3-19、图 4-3-20。

步骤 5:点击主播中心直播设置,设置直播间关键词屏蔽。参考图 4-3-21。

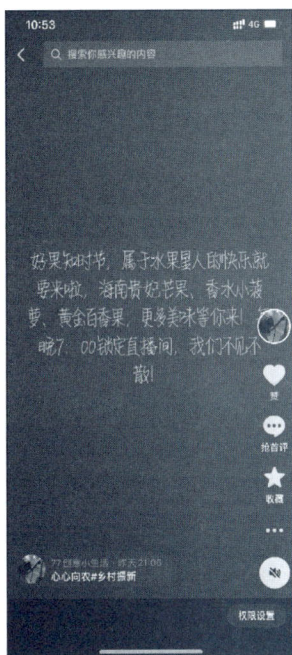

图 4-3-19　直播预告

图 4-3-20　直播公告

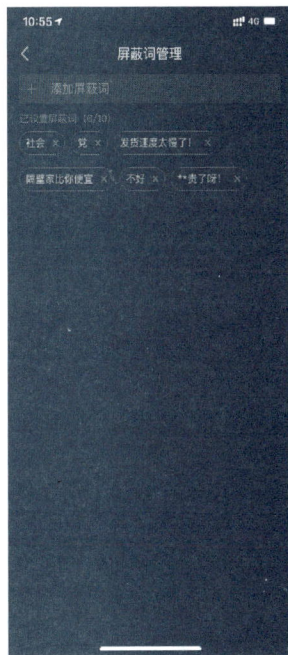

图 4-3-21　屏蔽词管理

步骤6：点击"开直播"，撰写直播间标题，并在设置中完成直播间介绍，参考图4-3-22。

步骤7：点击"商品购物车"添加商品并设置优惠秒杀活动。

步骤8：点击"开始视频直播"开始直播，参考图4-3-23。

图 4-3-22　直播间介绍

图 4-3-23　直播进行中

评价反馈 🛒

序号	评价项目	分值	自我评价（30%）		教师评价（70%）	
			小结	评分	点评	评分
1	任务完成情况	10				
2	团队合作情况	10				
3	直播间创建符合度	30				
4	分析结论的全面性与准确度	30				
5	熟练且自信地展示作品	20				
	合计	100				

任务拓展 🛒

　　快手是国内知名的短视频应用平台,随着直播的发展,快手短视频也加入了直播功能,用户在快手平台不仅可以发布短视频,也可以通过直播销售商品。快手目前对所有用户均开放直播功能,鼓励用户多开直播。主播在直播的同时,快手还提供了主播对决小游戏和观众投票环节等功能。课后请尝试开通快手直播和快手小店(开通快手小店时,根据实际情况选择商户类型),绑定收款账户,并在快手小店中添加 10 款商品。

职场赋能 🛒

　　李伟是一名电子商务专业的应届毕业生,大学毕业后顺利地应聘到一家直播电商公司,虽然是试用期,但李伟非常的勤劳踏实,被分配到了直播运营部。"双十一"来临之际,公司从 10 月 18 日开始每天安排两场专场直播来为"双十一"进行预热,日子一天天临近,公司发现直播观众在线人数和订单转化率等数据一直没有太大的提高,为了找到解决方案,李伟每天都在直播结束后进行复盘,对当天直播数据进行分析和总结,优化直播方案。经过数天的努力,在"双十一"当天他们做好了充分准备,提前调试好全部设备并设置营销活动,迎接电商人的节日。终于天道酬勤,当天的销售额突破 500 万,成功让徐闻菠萝登上生鲜水果类 TOP10。实习期结束了,李伟如愿地成为了该公司一名正式员工。

职场中,求实务新、勤劳踏实是一种敬业的态度,不断努力学习,提升自我价值,对职业敬畏、让企业满意的认真负责和爱岗敬业品质,这正是电商直播技能型人才的基本素养。凭借这种知难而进,迎难而上,统筹规划,顽强斗争的拼搏精神才能打开事业发展的新天地。

课后练习

一、单选题

(1)抖音平台的特点(　　　)。

　　A.泛娱乐化　　　　　　　　　　B.个性化推荐

　　C.流量叠加支持　　　　　　　　D.内容为王

(2)抖音开通商品分享权限需要具备的条件(　　　)。

　　A.发布视频数≥10 条　　　　　　B.账号粉丝数≥1 000 人

　　C.实名认证　　　　　　　　　　D.年满 18 岁

(3)淘宝直播平台的优势(　　　)。

　　A.电商产业链完善　　　　　　　B.货源充足

　　C.用户跨度大　　　　　　　　　D.公域引流的门槛较高

二、判断题

(1)抖音直播是传统电商平台。　　　　　　　　　　　　　　　　　(　　)

(2)淘宝直播的类型主要有店铺直播、"达人"直播、淘宝全球购买家直播、PGC 生产者直播。　　　　　　　　　　　　　　　　　　　　　　　　　　　　(　　)

(3)设置直播标题要以利益点和激发买家好奇心为主。　　　　　　　(　　)

三、问答题

(1)淘宝直播平台的特点有哪些?

(2)抖音设置屏蔽词的步骤分哪几步?

四、实训题

小兰团队接到了助农直播任务,需要帮助贵州山区直播销售特产刺梨干、波波糖、凯里酸汤粉等,请根据"黔货出山"为主题拍摄的一个直播预热短视频并将其发布在抖音平台上。

工作任务四

提升主播能力

任务情境

　　主播小兰形象年轻活泼,热情洋溢,是一名颜值高的吃货主播,小兰以及她的团队进行了休闲零食产品的直播销售有着天然的优势,但是想要得到观众的认可,留住或者吸引更多的观众,还需要根据直播间目标客户群体的喜好进一步打造主播人设。在直播过程中小兰及其直播团队发现,主播并没有成为直播活动中的灵魂人物,要成为一个真正受观众欢迎的主播并不是一件简单的事情,更没有什么捷径。本工作任务是针对主播有必要进行主播人设打造,让主播职业能力专业化,有效掌握提升语言、直播演示、变现带货等能力。

任务目标

　　通过本任务的学习与训练,应达到的具体目标如下:

素质目标
➤ 增强学生团体精神与合作意识,树立与团队共同成长的信念。
➤ 培养学生从通过人格、修养、气质等状态体现出来的良好精神素养。
➤ 培养良好语言表达、快速临场应变、个性鲜明的直播风格等业务素养。

知识目标
➤ 了解直播主播需要具备的心理素质。
➤ 知道主播带货和控场技巧。
➤ 掌握直播脚本撰写技巧。
➤ 了解声调、语调的控制要求。

能力目标
➤ 能够塑造主播自身形象、完成直播规划。
➤ 熟练打造主播个人 IP 的技巧。
➤ 能够通过主播自身能力提升实现直播变现。

任务书 🛒

在竞争日益激烈的直播行业,直播主播只有不断提高自身专业能力,才能够在这个行业有立足之地,否则只会被市场淘汰。为了让主播个性更加鲜明,请大家跟小兰一起完成任务。

任务书1

小兰团队正在准备为以"国潮"为主题的美食直播活动设置一个美观的直播封面,产品有螺蛳粉、鲜花饼、饺子、腊肠、乳酸菌等多款国产经典美食,学习主播自身形象塑造思维导图如图 4-4-1 所示。根据自设调性,打造各自直播人设形象,并完成表 4-4-1 任务书1。

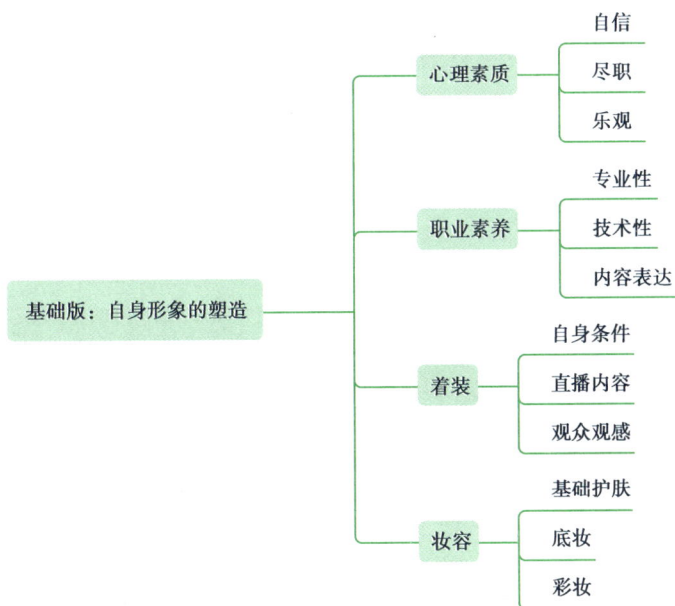

图 4-4-1　主播自身形象塑造思维导图

要求:

①给主播命名,要求与直播间风格相符。

②设计一句话作为直播标题,不允许使用极限词、虚假促销信息,标题建议直戳痛点、突出重点,包含福利吸引点,要求设计的直播内容与主播人设匹配。

③打造主播形象。

表 4-4-1　任务书 1 工单

主播名称	
直播标题	
主播形象设计 （妆容、着装、呈现人设）	

任务书 2

完成主播自身形象塑造后，学习三维打造主播个人 IP 思维导图，如图 4-4-2 所示，围绕螺蛳粉，完成主播形象设计、直播封面设计、脚本撰写，对照以下 9 点工作细项，将整合成 PPT 格式提交。

①要求根据主播自身条件帮主播选择与"国潮"主题风格符合的衣着、妆容，体现中华优秀传统文化创新性发展，符合向好的网络生态。

②直播封面要符合直播的内容，打造乡村振兴主题，让主播具有高识别度，让用户有效记住直播间。

③直播封面中要求有商品组合图，罗列清晰、有层次感。

④直播封面中有直播间名字说明并且直播间名字与主题相符。

⑤直播脚本包含商品卖点、活动机制、互动介绍等要素，突出主播人设。

⑥提升主播与商品的匹配程度，有效呈现主播的沟通表达能力和专业性。

⑦深度挖掘商品的附加值，设计主播人设标签。

⑧设计主播的话术，提升主播变现能力。

⑨每组派代表讲解主播形象、直播封面设计、直播脚本设计意图。

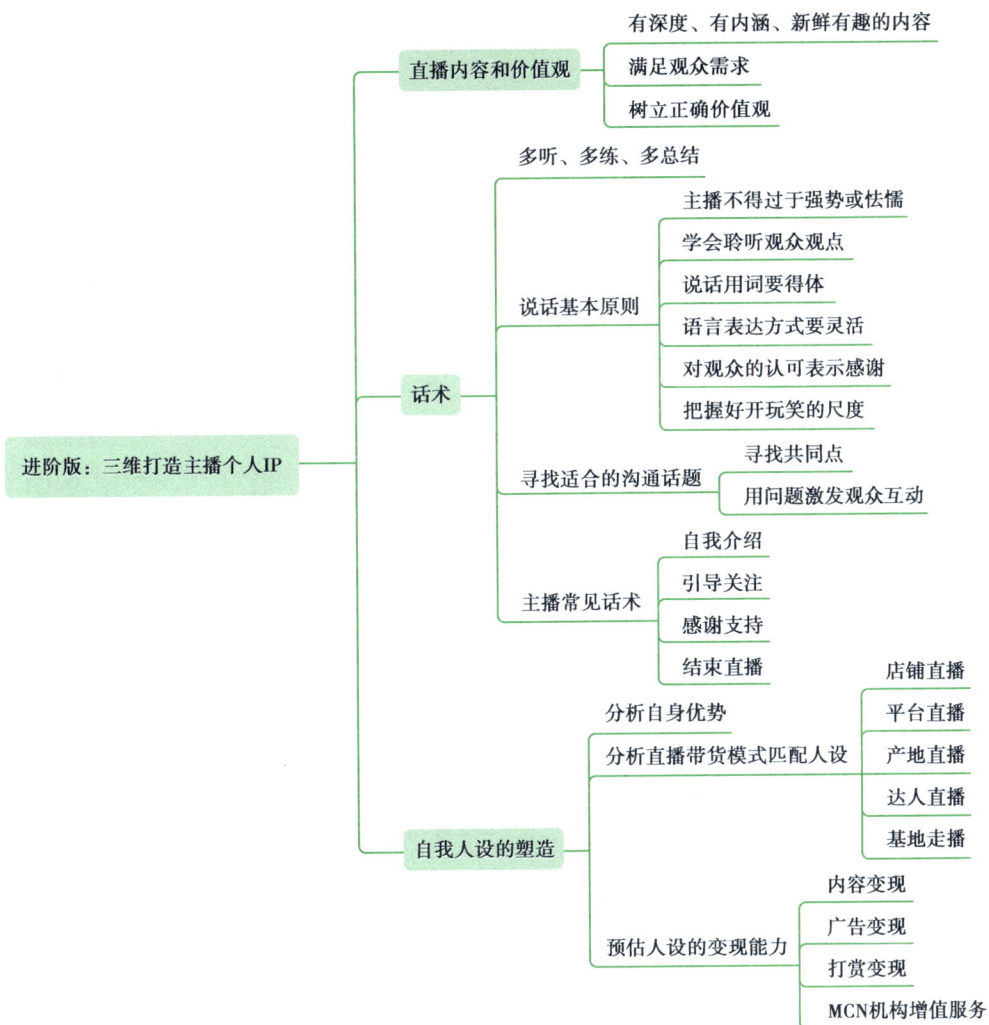

图 4-4-2　三维打造主播个人 IP 思维导图

```
                                        ┌ 有深度、有内涵、新鲜有趣的内容
                     直播内容和价值观 ───┼ 满足观众需求
                                        └ 树立正确价值观

                                  多听、多练、多总结
                                        ┌ 主播不得过于强势或怯懦
                                        ├ 学会聆听观众观点
                         说话基本原则 ──┼ 说话用词要得体
                                        ├ 语言表达方式要灵活
                                        ├ 对观众的认可表示感谢
                                        └ 把握好开玩笑的尺度
进阶版：三维       话术 ──┤            ┌ 寻找共同点
打造主播个人IP          寻找适合的沟通话题┴ 用问题激发观众互动
                                        ┌ 自我介绍
                         主播常见话术 ──┼ 引导关注
                                        ├ 感谢支持
                                        └ 结束直播

                                  分析自身优势                    ┌ 店铺直播
                         分析直播带货模式匹配人设 ─────────────┼ 平台直播
                                                                  ├ 产地直播
                     自我人设的塑造 ──┤                          ├ 达人直播
                                                                  └ 基地走播
                                                                  ┌ 内容变现
                         预估人设的变现能力 ──────────────────┼ 广告变现
                                                                  ├ 打赏变现
                                                                  └ MCN机构增值服务
```

任务分组 🛒

根据任务书要求，自行以每个小组 4~5 个同学为一组，完成表 4-4-2。

表 4-4-2　学生能力任务分配表

班级		组名		组长	
序号	组员	职能		任务分工明细	
1					
2					
3					
4					
5					

获取信息

引导问题 1

自由学习图 4-4-2 三维打造主播个人 IP 思维导图,为任务书 1 以"国潮"为主题的美食直播设计主播人设,并完成表 4-4-3。

主播人设的概念及打造流程

表 4-4-3　主播人设定位

主播名字		直播间背景设计	
直播间名称		目标客户	
直播标题		为客户带来什么	
主播视觉设计 (妆容、服装等)		主播个人特色	

引导问题 2

自由学习直播脚本要素。

(1)直播脚本的含义

直播脚本是指直播场景的脚本化处理,整个直播过程,包括主播在播放视频前后所有要做的事情都可以运用直播脚本来实现。通过直播功能的脚本化编程,可以让直播活动朝着语气的方向有序地进行。有了脚本可以有效的应对在直播过程中的突发情况,也能更好地把握住"主动权"。

螺蛳粉直播单品信息

（2）直播脚本的分类

在直播电商中，直播脚本分为单品直播脚本和整场直播脚本。

单品直播脚本就是针对单个产品的脚本，以单个商品为单位，规范商品的解说，突出商品卖点。一个有效的直播脚本应该包含场景氛围，主播的讲解台词、语气，甚至是商品的展示动作。如憋单脚本、逼单脚本、低客单转高客单脚本等。

整场直播
脚本模板

请根据任务2要求完成表4-4-4，用表格形式写下螺蛳粉单品直播脚本内容涉及的话术要点，要求和主播人设匹配，能够提升客户的信任感。

整场直播脚本就是以整场直播为单位，规范正常直播节奏流程和内容。

表 4-4-4　单品直播脚本表

	产品内容	主播话术设计	直播内容	主播话术设计
单品直播脚本	主播安排		需求引导	
	品牌介绍			
	产品数量			
	产品图片			
	产品卖点			
	利益点		直播时间安排	
	日常价			
	直播活动价			

知识窗

直播封面设计能力

主流直播间封面可以选择人像、产品图、场景照等主体作为直播封面，如图4-4-1所示。如健身类产品的直播间用身材较好的模特图，美妆类直播间用产品图片来呈现，生鲜类产品直播间可以用田间采摘的照片。

把握好封面的尺寸和质量：一张好的封面，必定要在色彩、比例以及清晰度等事项上把控好，让观众有舒适感或者视觉冲击力。画面亮度要高一些，色彩不宜过多、过于繁杂，同时根据产品和内容选择适宜的主色调。

适当添加活动文案：封面图片与封面标题是互补的，封面图片在体现标题内容的同时，可以添加活动文案给予粉丝更多的想象空间，让粉丝迫不及待地想要观看。

图 4-4-3　休闲零食、农产品、美妆系列直播封面

工作计划 🛒

1.完成任务 1 美食主播人设建立。

2.根据任务 2 完成表 4-4-5。

表 4-4-5　提升主播能力任务表

主播自身形象塑造基础阶段		
主播名字		
直播标题		
主播视觉画风	妆容	
	着装	
	道具	
打造主播个人 IP 进阶版		
主播形象设计	着装	
	妆容	
	道具	
其他主播视觉打造		

续表

直播封面	
直播产品信息收集	
互动环节设计	
直播单品脚本	

讨论决策

小组内讨论为主播小兰设计的主播提升计划,综合每位同学的意见,确定小组的组中方案,完成表 4-4-6 的内容。

表 4-4-6 优化设计方案表

组内成员	遇到的难点及解决方法	优化设计方案

续表

组内成员	遇到的难点及解决方法	优化设计方案

工作实施

小组内讨论每个同学分工,分析工作内容,综合每位同学的意见,确定小组主播的人设定位,并结合任务细节完成任务——主播自身形象塑造基础阶段汇报表,每组安排代表结合该组作品进行汇报。

1.完成人设打造。以零食主播身份,完成小兰团队的美食直播活动的目标人群画像定位,并说明主播优势。为主播设计 1~2 个人设特点,完成表 4-4-7,团队共同讨论,确定主播人设。

表 4-4-7 主播人设标签采集表

直播间名称	主播名字	人设标签

2.根据产品特点、主播人设定位,结合提炼产品卖点、完成直播封面图、直播脚本等设计。可以参考表 4-4-8、表 4-4-9,就任务中给出的产品内容,设定主播人设和匹配的直播现场氛围以及话术。

3.完成直播间主播提升相关内容汇报,小组内选定相关岗位工作人员进行分享。

主播自身形象塑造基础阶段汇报参考表格

表 4-4-8　主播自身形象塑造汇报参考总表

主播自身形象塑造基础阶段汇报（参考）		
主播名字		主播小兰
直播标题		寻味嗨吃狂欢节美味来袭！超多宅家美食等你来！
主播视觉画风	妆容	淡妆、双丸子头、配合中国风妆容
	着装	少女新式旗袍
	道具	国潮背景板
打造主播个人 IP 进阶版汇报（参考）		
主播形象设计	妆容	淡妆
	着装	旗袍
	道具	国潮背景板、简易高颜值电煮锅、零食摆盘等
其他主播视觉打造		国潮风格背景音乐，安静、稳定的直播环境。 选好以小兰主播为重点立体呈现，呈现柳州女孩外形精致可人，性格却直爽泼辣。 稳定镜头，调整直播光线。 室内螺蛳粉专场、室外柳州螺蛳粉小店直播、生产车间直播
直播封面		休闲零食系列、农产品直播封面、美妆产品直播封面（见图 4-4-1）
直播产品信息收集		广告语：一碗好欢螺 浓浓柳州情。 酸、辣、香、鲜、爽，一碗好粉，五种体验，尽在好欢螺。 企业品牌介绍：柳州市某食品有限公司坐落于山水秀美的广西柳州。时逢广西特产行销全国，柳州螺蛳粉名震八方之际，公司重磅推出好欢螺系列袋装螺蛳粉及相关配料，螺蛳粉秉承"凭良心专注做好一碗粉"的经营理念，在高度还原柳州螺蛳粉的真实风味的同时，更注重食品安全和健康，旗下产品均已获得食品安全认证，并一举斩获全国螺蛳粉大赛金奖殊荣。 十二种天然香料成就柳州味道，内含 7 包独立配料，让内容更丰满。高度还原螺蛳粉的原始风味，傲娇再现柳州经典。 螺蛳粉除了鲜、酸、爽、烫，辣味也是它的独特之处，还由柳州特有的软韧爽口的米粉，加上酸笋、花生、油炸腐竹、黄花菜、萝卜干、鲜嫩青菜等配料及浓郁适度的酸辣味和煮烂螺蛳的汤水调合而成，因有奇特鲜美的螺蛳汤，使人吃一想二。 螺蛳粉中富含碳水化合物、蛋白质、胡萝卜素、各种维生素、铁、钙、磷等多种营养成分，既可以一饱口福，又可以保健养生
互动环节设计		关注主播，观看直播 3 分钟以上，有机会领取 5 元无门槛优惠券。 点赞数量达到 5 W，将会有红包雨。 弹幕里面分享"为什么喜欢螺蛳粉"，截图抽取 3 位幸运观众领取免单福利
直播单品脚本		见螺蛳粉直播单品脚本

表 4-4-9　螺蛳粉设计单品直播脚本(参考)

主播安排	小兰主播			
时长	90 分钟			
主题	寻味嗨吃狂欢节			
品牌介绍	好欢螺:好欢螺螺蛳粉,一碗好欢螺,浓浓柳州情,酸、辣、香、鲜、爽,一碗好欢螺,五种体验,尽在好欢螺。好欢螺以成为柳州袋装螺蛳粉行业的佼佼者为目标,锐意进取,不断创新。			
产品规格	经典原味 300 g×3 袋,一共 5 000 份,每人限购 2 份			
产品图片				
内容提纲	(1)主播自我介绍;(2)品牌讲解;(3)产品介绍;(4)观众互动;(5)引导购买;(6)感谢支持			
	序号	时长	主要内容	互动
螺蛳粉单品直播脚本				
直播流程	1	2 分钟	主播自我介绍,介绍品牌及销量	关注主播,观看直播 3 分钟以上,有机会领取 5 元无门槛优惠券
	2	3 分钟	介绍配方:独门配方+文火熬制制作出来的香汤很香,吃着很上瘾	
	3	25 分钟	配料:7 种配料,独立包装,干净又卫生;辣油:这红润透亮的辣油包,辣度很正宗;酸笋:精选优质酸笋,然后再进行腌制,静静地等待它发酵,一个鲜嫩脆爽的酸笋就做好啦,闻着臭吃起来很香。粉:一碗好粉当然得劲道,粗细软硬刚刚好,煮出来Q弹劲道,不粘不糯,真的是恰到好处	点赞数量达到 5 W,将会有红包雨
	4	50 分钟	产品展示:主播直播煮粉,试吃,介绍主播自己煮螺蛳粉可以加上自己喜欢的配菜,如鸡蛋、青菜,宅家也能做出超好吃的螺蛳粉,与观众一起感受嗦粉快乐。对比同类产品,凸显螺蛳粉的正宗味道	弹幕里面分享"为什么喜欢螺蛳粉",截图抽取 3 人领取免单福利
	5	7 分钟	引导关注、领取优惠券、促单购买(重复)	
	6	3 分钟	直播结束,感谢支持	

需求引导话术:(1)说到粉,肯定少不了一碗鲜辣酸爽的螺蛳粉,不用去柳州都可以品尝到正宗的螺蛳粉,鲜、辣、酸、爽、烫 5 大特点,臭香鲜辣才是传统好味道;(2)让你们感受嗦粉的快乐,吃一口我就果断放弃泡面了;谁说螺蛳粉是臭的,明明这么香,关键量还特别多,一大碗下肚无敌满足,吃了真的很上头。(3)夜宵来嗦一碗地道的螺蛳粉,汤头醇厚鲜香,米粉吃起来爽滑细腻,关键是配菜很丰富,对于无辣不欢的人简直是人间美味

续表

直播时间安排	日常价	49.9 元/份(3 包)	20:00—21:30
	直播活动价	第一份 39.9 元,第二份 28.8 元,到手两份 68.7 元,11.45/包。建议买两份更优惠	

知识窗

主播直播能力的培养和提升

1. 塑造主播自身形象

(1)直播主播着装

在直播中,主播在直播中应当着装整洁、规范,穿着得体,严禁主播在直播中展示涉及不当着装的行为,不能过于随意。《互联网直播服务管理规定》第十一条:互联网直播服务提供者应当加强对评论、弹幕等直播互动环节的实时管理,配备相应管理人员;互联网直播发布者在进行直播时,应当提供符合法律法规要求的直播内容,自觉维护直播活动秩序;用户在参与直播互动时,应当遵守法律法规,文明互动,理性表达。

主播在选择直播服装时需要考虑以下三个方面:

①自身条件。

主播选择的服装应当符合自身的个性特征,适合自身形体、年龄等特点,并能够展现自己特有的风格。

②直播内容。

主播要结合直播的内容类型、场景等来搭配服装,以体现直播画面的和谐和整体之美。例如,若直播内容与艺术表演相关,主播可以选择穿着演出服。

③观众感受。

从观众观感的角度来说,主播的着装要文明、大方,切忌过于暴露,要做到礼貌、得体,营造健康的网络环境。在服装的颜色方面,鲜亮的暖色系上镜会更有亲和力,避免搭配黑色系这种容易使画面过曝的衣服,与背景颜色相近的衣服也尽量不要选择。好的配饰会给自己的造型添上令人印象深刻的一笔。例如,一顶酷酷的帽子,一个甜美的发卡,一副造型独特的耳环等。

(2)直播主播的妆容

化妆不仅体现了主播对个人形象的重视,还体现了主播对观众的尊重。主播在化妆时需要坚持的一个原则就是大方、得体。要保证着装背景和妆容风格一致,不要过于随意,可以选择打造风格,比如说可爱系、酷炫系、清新系等。

（3）做好直播规划

直播就像电视节目的拍摄一样，也需要有规划。凡事预则立，不预则废。直播主播的专业性体现在其能够在直播前、直播中、直播后三个环节中做好直播规划，创作出优质的直播节目。

在开播之前，主播必须做好直播内容的规划，提前写好直播脚本，固定好直播的时段和市场，提前准备话术防止冷场。在直播过程中，设置好与观众互动环节，主播要培养随机应变的能力，能够根据与观众互动的效果对直播内容进行适当调整，从而获得观众的喜爱和支持。在直播结束后，主播要对该场直播进行复盘，好的方面以后保持，不好的方面需要吸取经验，有效调整。只有这样，才能体现出主播的专业性，让观众欣赏到优质的直播内容。

2.培养主播说话艺术

在直播中，语言是主播思维的集中体现。我们日常说的话术，就是主播形成的说话风格。话术不是固定的，针对不同的场景、不同听众有不一样的表现方式。说话风格的培养与形成，并不是依靠简单的一两个技巧就能轻易实现。

（1）探索及呈现符合人设的说话风格

主播人设是指主播在直播间树立鲜明的形象标签，通过标签让别人快速记住，继而认可、喜欢、信任。人设包装其实就是把主播标签化，建立标签和主播之间的强关联。标签要在直播中得到体现，才能让观众产生印象。在探索及培养阶段，建议主播可以找到同风格、人设的主播，从其说话风格和沟通方式，逐渐找到符合自己的说话风格。

打造主播人设有4个步骤，分别是分析需求、大胆挖掘、人设呈现、重复深化。

步骤1：分析需求。

分析目标人群画像，并从目标人群视觉分析他们的偏好的标签。

▲人设三问法

①我是谁？

②我要干什么？/解决什么需求？

③我凭什么让他们喜欢我？

下面以农产品体验式为例：

我是谁？——我是一名农产品体验师。

我要干什么？——我要用直播的方式带领用户去农产品生产基地寻找产品。

解决什么需求？——解决用户对绿色无污染、美味可口的农产品的需求。

差异突出：外貌，普通人长相，身穿运动户外装，像普普通通的老百姓一样平常。

性格：热情，善于与人打交道。说话诚恳，不做作，呈现一种踏实的感觉。

行为：动手能力强，亲自采摘农产品，并在农产品种植现场或者养殖现场品尝并给出中肯的评价。

话术:吃完表现出开心状,并连说"天然好吃,大家一定要试试!"

所以这个直播间要呈现出一个接地气,生活气息浓厚的主播,四处寻找优质农产品的人设定位。要传达给用户的理念是"原生态的才是最健康的",直播室的口号是"寻找大自然的美味"。

步骤2:大胆挖掘。

从自身出发,基于自身外形、性格或者特长去挖掘。人设可以有一个标签,也可以有一组标签,标签的数量因人而异。在包装的过程中需要寻找一些具有传播度、易于记忆的标签去匹配主播。

步骤3:人设呈现。

人设标签一般通过外貌、性格、行为、话术来呈现。如根据商品售卖目标群体需求和主播的特征进行匹配,包装出具有凝聚力的主播人设和口号。

步骤4:重复深化。

不断深化,在直播中通过反复呈现固定的话术和动作给观众形成记忆点。在宣传过程中要高频率地曝光主播的人设,并用口号、文案、图片对用户进行强化。

(2)寻找有趣的沟通话题

在直播过程中,一个幽默有趣的直播话题可以把我们的粉丝留下来,更利于拉近我们与粉丝之间的距离。主播可以通过以下寻找沟通的话题,避免直播间冷场的尴尬。

①寻找共同点。

主播在与观众沟通的过程中,可以寻找双方的相似点,如共同的兴趣爱好、生活习惯、感情、工作、学习等,从而有共鸣,这样有助于提高粉丝黏性,拉近与观众之间的心理距离。

②用问题激发观众互动。

在直播过程中,用问题激发观众互动,引起观众和粉丝的聊天兴趣,从而来增加互动的效果。主播在直播过程中也可以多看看弹幕内容,在弹幕中寻找互动话题。可以围绕某一个或者几个观众、粉丝的留言,评论所提的问题进行讨论,进行回应。

(3)主播常用话术技巧

直播话术并非一种可以套用的固定的便捷说话模式,相反,对于话术的理解,更多地应该定义在沟通技巧上,也就是如何说话才会让人觉得愉快,这也是主播应该掌握的一门基本功。

①主播常用礼貌用语。

欢迎××来到宝宝的直播间,喜欢主播的点个关注哦!

欢迎宝宝们来到我的直播间,主播是直播新人,希望宝宝们能多多支持,多多捧场哦!

②求关注/点亮/分享。

宝宝们,关注走一走,活到九十九;礼物刷一刷,主播带回家!

感谢××的关注,还没关注的抓紧关注哟,宝宝每天给××带来不同惊喜哟!

关注主播不迷路,主播带你上高速!谢谢点亮!喜欢主播的可以帮忙分享一下哦!

③主播结束语。

现在是5:10,主播还有20分钟就要下播去吃饭啦,非常感谢关注的宝宝和送礼物的宝宝,谢谢大家!么么哒!宝宝们也要按时吃晚饭哦!

主播马上就要下播了,喜欢主播的宝宝可以点点关注,这样明天主播开播宝宝们就能第一时间收到提醒啦!明天一定要再见哦!

评价反馈

序号	评价项目	分值	自我评价(30%)		教师评价(70%)	
			小结	评分	点评	评分
1	任务完成情况	10				
2	团队合作情况	10				
3	完成人设打造	30				
4	结合产品、主播等实现变现	30				
5	完成直播间主播提升相关内容汇报	20				
	合计	100				

任务拓展

学生通过本次任务的实施,能熟练掌握主播提升的基本方法,通过自身能力依靠直播聚集人气和流量,在销售或者推广商品时进行变现。请根据你所学知识,针对以下产品,匹配主播人设与直播风格,并说说你的设定原因,完成表4-4-10。

表 4-4-10　主播人设定位拓展练习

序号	产品	人设标签	直播风格
1	四川大凉山盐源丑苹果		
2	少女潮流服装		
3	东方彩妆		

职场赋能

　　小兰团队通过国潮系列直播任务实践后,学以致用,实现直播带货变现,致力将家乡柳州螺蛳粉卖到全国各地去。其中主播小兰觉得自己已经多次成功开播,而且还有一定的销量后,想着可以轻松很多,就用同一套话术,开播期间出现懈怠,化妆效果、激情大不如前。一段时间后,小兰发现直播间的流量越来越少,掉粉情况严重。

　　经过团队紧急整改后,小兰团队明白了,行业在发展,主播也不能懈怠。小兰团队给螺蛳粉设计新的直播营销方式,螺蛳粉的鲜、香、酸、辣、爽等独特风味,搭配着主播大红色汉服,头戴喜庆老虎帽,主播经常说:“平时可以不吃饭,但不能不吃粉”,甜美的声音加上经常变动的直播现场气氛,给直播间带来一波又一波的流量。

　　主播需要让用户发自内心地认同主播的理念,依靠高质量的商品,通过激励、促单等办法引导消费者购买该商品并给出真实评价,进而带动直播间其他用户认可主播的人设,才能提升变现。

课后练习

一、单选题

(1)以下哪项不属于塑造主播自身形象的做法?(　　　)

　　A.提升主播专业性职业素养

　　B.结合直播产品恰当选择主播着装与妆容

　　C.提升主播心理素质

　　D.打造匹配主播风格的直播间

(2)以下哪项不是直播时应具备的修养?(　　　)

　　A.创新意识　　　　　　　　　　B.深厚的生活基础

　　C.丰富的文化艺术修养　　　　　D.随意的态度

(3)主播在与粉丝互动聊天时要充分展示自己的亲和力和正面形象,以下哪项是不

正确的？（　　　）

A.主播表现得积极阳光

B.通过很自然的动作和眼神让粉丝感到亲切

C.偶尔可以向粉丝展现自己身边的小饰品和玩偶,增加相关周边的亲密度

D.直播的时候抽烟,展现自己的另一面

二、判断题

（1）主播选择的服装应当符合自身的个性特征,适合自身形体、年龄等特点,并能够展现自己特有的风格。　　　　　　　　　　　　　　　　　　　（　　　）

（2）直播封面要让看的人有舒适感,具有冲击力,因此可以多用色彩,让别人震撼。

（　　　）

（3）人设包装其实就是把主播标签化,建立标签和主播之间的强关联,主播可以同时设计多个标签,让观众产生好奇。　　　　　　　　　　　　　　（　　　）

三、简答题

（1）直播封面设计应该注意哪些方面？

（2）简述人设打造步骤。

四、实训题

广东省肇庆市封开县的菠萝快成熟了,小兰团队接到了任务,想打造一个"菠萝君"的果农形象开展直播活动,请为该果农设置主播人设和直播话术。

工作任务五

NO.5

实施直播宣传

任务情境

小兰原本以为开通了直播后就万事大吉了,但开通后直播间的数据下滑,直播间的人数也逐渐下降。针对直播间的详细数据进行一系列的分析后,小兰团队才发现问题在于没有实施引流推广活动,因此直播团队计划开展直播引流推广活动,针对直播预热推广和粉丝维护,通过各种渠道和方法扩散直播预热信息,增加直播间的曝光度,提升粉丝黏性,提升直播间的人气。

任务目标

通过本任务的学习与训练,应达到的具体目标如下:

素质目标

➢ 具备诚实守信的价值观,不违法宣传。

➢ 培养直播间原创意识和逻辑思维。

➢ 强化学生沟通与协调能力,以及开拓创新的精神。

知识目标

➢ 了解直播引流推广的渠道和方式。

➢ 了解直播引流推广的内容设计。

➢ 掌握不同平台的付费引流方法。

能力目标

➢ 能够针对不同的平台选择直播预热推广渠道。

➢ 能够运用公域和私域流量提升直播间人气。

任务书

小兰直播团队开展直播引流推广活动,向广大用户推荐商品,引导用户购买商品,尽可能地增加用户数量,炒热直播氛围,发现可以从公域流量、私域流量上下功夫,此外还能进行付费推流。请帮助小兰按流程梳理公域流量和私域流量的渠道,列出淘宝、抖音两个直播平台的付费推广方法,并设计直播间互动来提升直播间气氛,并组织讨论这些场景的注意事项呢?

步骤一:自行查阅网络知识,认识淘宝、京东、拼多多、抖音快手、微信公众号、小程序、小红书、知乎、微博、B 站、视频号等平台特点,清楚其公域平台引流触点,补充下面平台特点所指定的平台。

1._____引流触点:店铺首页、客服会话、支付跳转、AI 智能电话、智能短信、快递免单、包裹卡。

2._____引流触点:账号背景墙、账号简介、视频、评论区、私信、小店、粉丝群、客服回复。

3._____引流触点:搜一搜品牌展示、菜单栏、模板消息、图文内容、客服消息、自动回复、支付跳转。推文内容引导,进入直播间,如图 4-5-1 所示。

4._____引流触点:账号简介、笔记评论区、私信、群聊、直播、账号 ID、签到封面。

5._____引流触点:账号签名、回答/文章/想法、评论区、私信、直播。

6._____引流触点:账号背景墙、账号简介、评论区、私信、博文、文章、问答、粉丝群,如图 4-5-2 所示。

7._____引流触点:账号签名、视频、文章、评论区、动态、直播。

8._____引流触点:个人介绍、视频介绍、私信、直播、评论区链接跳转。如在微博中插入直播链接,点击即可跳转,如图 4-5-2 所示。

图 4-5-1　微信公众号直播预告

图 4-5-2　微博直播预告

步骤 2：列出不少于 4 个私域流量的载体，并举例说明。

微信生态的四大私域流量池包括个人号、小程序、服务号、社群，如图 4-5-3 所示。

个人号建议在初期使用，适合小规模时期，优势在于传播直接，朋友圈没有搜索机制，展现效果明显。

图 4-5-3　针对微信生态"四大私域流量池"

小程序玩法多样，能够满足简单的基础应用，适合生活服务类线下商铺以及非刚需低频应用的转换。小程序是搭建私域流量池的重要工具，它具有多个入口，如小程序码、好友分享、搜索、发现页面、虽仅适用的小程序等，还可以通过微信公众号文章、模板消息、门店小程序、附近小程序等，将微信的功能真实地嵌入各个生活场景中，将微信公众号、社交社群、线下的流量无缝地导入场景里，通过场景化的构建可以为消费者带来良好的消费体验，获得用户的信赖。小程序直播功能，如图 4-5-4 所示还能很好地解决私域流量沉淀之后的活跃度运营，增加用户的参与感、黏性和活跃度。

服务号可以做大规模中心裂变的载体，更加适合、更加稳定。订阅号适合内容运营，可以每天推送信息，服务号功能更完善，更适合做裂变。其中的模板信息能够中心化裂变，流量再分配。

社群明确了社群定位和用户使用场景，如外卖红包群、知识群、资源对接群等，如图 4-5-5 所示大码女装微信群粉丝后援会明确群定位，降低运营成本，社群内从众效应可有效提升转化率，能够帮助从社群中获取后续优化方向。

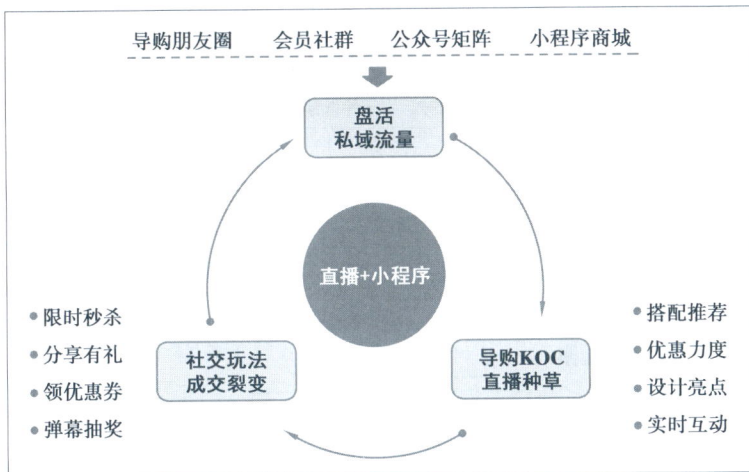

图 4-5-4 微信群私域玩法

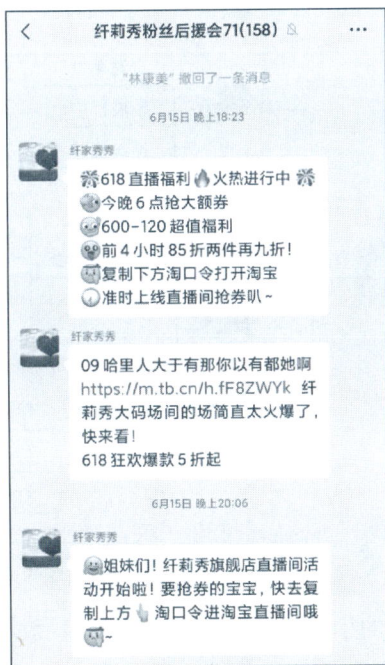

图 4-5-5 大码女装微信群粉丝后援会

步骤3：小兰团队根据近日来的了解，完成了"下面公域流量向私域流量的转化途径图"，请根据图 4-5-6 简单阐述公域流量向私域流量的转化途径，并写在横线上。

公域流量向私域流量的转化途径：

_____

_____

_____

步骤4：小兰团队了解了私域流量和公域流量后，想开发往后直播间的平台付费推广，请同学们通过研究平台或者网络搜索等方式，画出淘宝和抖音的付费推广思维导图，如图 4-5-7 所示。

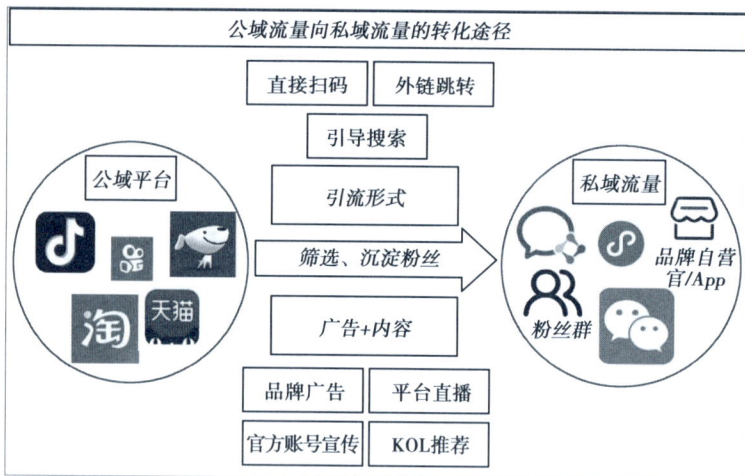

图 4-5-6　公域流量向私域流量的转化途径

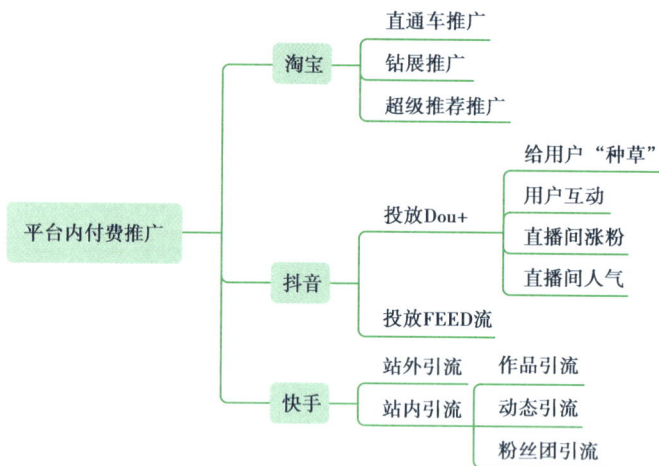

图 4-5-7　平台内付费推广思维导图

步骤 5：通过了解对平台的引流推广的方式后，小兰团队打算以"疯狂零食节"为主题，在抖音平台为国内 20 款经典零食做为期 3 天的零食直播，请同学们为本次直播活动设计直播预告、直播互动环节，并通过公域流量、私域流量以及付费推广方式对本期零食直播进行引流推广活动，以小组为单位完成任务。

任务分组

据任务书要求，请自行根据每个小组四位同学一组，完成表 4-5-1。

表 4-5-1　实施直播引流

班级		直播间		组长	
序号	组员	岗位	任务分工明细		
1					
2					
3					
4					

获取信息

引导问题 1

自由学习直播电商流量形式,思考如何引流提高转化。

引导问题 2

自由学习直播封面图、标题、标签设置方式。请用思维导图列出直播封面图、标题、标签设置方式。

直播电商流量形式:公域直播&私域直播

公域平台及其特点

引爆直播间思维导图

引导问题 3

直播除了提升自己的直播内容质量,下播后和粉丝的沟通维护也很重要,主播可以引导消费者关注并加入粉丝群,一个好的粉丝群可以增加粉丝归属感,带来更深的情感沉淀。那么粉丝群应该怎么运营呢?

知识窗

1.公域流量

公域流量指商家直接入驻平台实现流量转换,比如大家熟悉的拼多多、京东、淘宝、饿了么等,以及内容付费行业的喜马拉雅、知乎、得到等公域流量平台。

公域流量特点:公域流量相对容易获取,即使一个粉丝都没有,内容也有可能被分发给百万、千万级别的用户看到。但是相比起来黏性差,很难二次、三次触达到这些流量。公域流量稳定性差,即使第一次给了一次大流量,不说明第二次、第三次也是大流量,用户难以留存,客户容易流失。

2.私域流量

私域流量是指从公域(internet)、它域(平台、媒体渠道、合作伙伴等)引流到自己私域(官网、客户名单),以及私域本身产生的流量(访客)。私域流量是可以进行二次以上链接、触达、发售等市场营销活动的客户数据。私域流量和域名、商标、商誉一样属于企业私有的经营数字化资产。

私域流量池可以扩展到更高的收入。比如淘宝购买流量,用低毛利产品提高转化率,然后将这些流量存入个人微信号,用高毛利产品带来再购买和更高转化率。整个过程降低了获客成本,提高新用户转化率以及提升了客单价。私域通常的呈现形式是微信群、公众号、个人微信号、小程序,它们的特性是具有一定封闭空间,可以反复利用,成本低,又能随时触达。

微信群构建高质量私域流量。商家可以采用拟人化的思维去运营用户,和用户建立情感关联,然后进行活动推送、发放优惠福利券、推荐群专属优惠商品等;将用户群体标签化,筛选高质量用户,针对性运营。

公众号通过已经打造好的品牌IP,吸引更多的目标用户,针对用户进行精细化运营,搭建私域流量池。公众号的作用是利用内容去触达与沉淀用户,从而提升留存及转化。

微信个人号做用户的朋友。商家要注意运营方式,把私域流量打造成一个有温度的流量池,发挥个人号优势。

小程序拉新、转化与复购。小程序是私域流量建立过程中的最终落地场景,其胜在低成本获得流量,可以直接在微信群、朋友圈直接触达,避免了不同端口间来回跳转的留存损失。

3.粉丝运营

● 粉丝分层:对粉丝群精细化,如通过消费等级进行划分,对于优质老顾客,可单独建群,如图4-5-8所示。

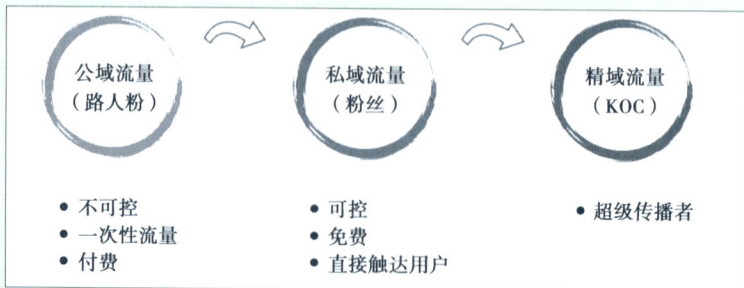

图 4-5-8 粉丝分层

● 直播前:通过群发功能,提前提醒群内粉丝直播即将开始,在群内预告今天直播的活动及内容(老粉能增加整个直播间的氛围,诱导新粉参与)。

● 直播时：及时同步直播间的活动，引导粉丝参与。

● 直播后：在群内发布今天的切片视频，让没来得及观看直播的粉丝观看内容，以及在群内进行互动，及时解答粉丝的问题。

● 利益点：通过群公告发布如老粉特惠、专属红包，每晚 8 点抢老粉专属红包优惠券或者是选择一到两款推行老粉特惠价，让粉丝认为自己和其他人不一样，以及做的这件事是有意义的。

● 签到打卡：每日签到领淘金币、优惠券等。

工作计划

查阅资料，浏览相关网页，请每位同学根据该公司的卫生护理用品，撰写一份直播内容方案，方案撰写按表 4-5-2 所示步骤完成。

表 4-5-2　工作计划表

步骤	内容
1	选定直播平台
2	选定引流方式
3	确定公域流量向私域流量的转化途径
4	确立平台付费推广投放计划
5	结合直播主题，为本次直播活动设计直播预告、直播互动环节，并通过公域流量、私域流量以及付费推广方式对本期零食直播进行引流推广活动

讨论决策

小组内讨论本次零食直播的引流推广活动，综合每位同学的意见，确定小组的组中方案，完成表 4-5-3 的内容。

表 4-5-3　优化设计方案表

组内成员	遇到的难点及解决方法	优化设计方案

续表

组内成员	遇到的难点及解决方法	优化设计方案

工作实施

小兰团队以"疯狂零食节"为主题,在抖音平台为国内 20 款经典零食做为期 3 天的零食直播,请同学们为本次直播活动设计直播预告、直播互动环节,并通过公域流量、私域流量以及付费推广方式对本期零食直播进行引流推广活动,填写表 4-5-4。

表 4-5-4　零食直播进行引流推广活动安排表

直播标题	
预告文案	
封面图 (列出封面图所 包含的信息)	

续表

直播时段				
直播引流	微信公众号	抖音短视频	微博	社群
付费推广				

知识窗

抖音直播的流量来源

抖音流量按来源可分为两类：自然流量和付费流量。

1.自然流量

自然流量是粉丝主动关注和抖音根据算法系统主动向平台用户推送的流量。自然流量最大的特点是免费，可以通过日常运营不断获得新粉丝，从而促进算法系统增加直播流量的推荐，形成良性循环。

抖音的流量分发机制有两个特点：一是智能分发；二是流量池推荐。

（1）智能分发

直播和视频发布后，系统将向以下4个渠道分发流量：

①关注账号的粉丝。粉丝和账号的关联性最强，所以引导用户关注主播很重要。

②通讯录或可能认识的人。它要求允许抖音访问手机通讯录。

③同城推荐。视频/直播打开同城定位，系统会推荐给同城的人。

④相关标签用户。抖音的后台会对每个账号和内容进行标签处理，然后将视频/直播间推荐给标签相同/相似的账号。

（2）推荐流量池

在新发布的视频或直播间，平台会首先提供一个基于标签的小流量池，向可能感兴趣的人推荐内容进行测试。若测试数据反馈良好，说明内容比较热门，则视频/直播间可以进入更大的流量池。若第一波流量池反馈用户数据不佳，则系统不会继续推荐下一层流量池。所以，如果想要扩大视频流量，就必须提升完播率、点赞率、留言、互动率的数据。若想要扩大直播间的流量，就要提高点赞、关注、评论、音浪、下单速度、停留时长等数据。

2.付费流量

付费流量是指需要额外付费购买才能获得的流量。抖音提供三种付费,包括抖+、巨量引擎信息流广告、巨量千川。付费流量不是所谓的烧钱,它的核心是获得更多的种子用户,也就是可能在直播间购买的用户。通过运营这部分种子用户,提高他们对直播/视频的互动数据,将直播/视频转化为系统定义中的优质内容,从而获得系统更多的免费流量分发。

评价反馈

序号	评价项目	分值	自我评价(30%)		教师评价(70%)	
			小结	评分	点评	评分
1	任务完成情况	10				
2	团队合作情况	10				
3	理解不同平台的引流推广方式	20				
4	引流推广活动设计	30				
5	直播推广项目实操	30				
	合计	100				

任务拓展

通过本次任务的实施,能够在私域流量和公域流量渠道共同进行直播宣传,快速提升直播活动热度,让用户提前了解直播内容,以便对直播感兴趣的用户在直播开播后进入直播间,增加直播间的在线人数,并通过推广活动和直播间互动形式提升转化。

职场赋能

小兰团队已经成功开播,有了一定的粉丝量,最近除了直播间,还开通了视频号。通过努力视频号火了,大家觉得工作量大,团队内偏向只做视频号,其中有人为了提升私域流量狂加好友、狂拉群,引起了很多老顾客的反感和质疑,更有团队内工作人员建议去网上找人买粉丝、刷单。

项目导师知道后,跟小兰团队开会,针对小兰团队现在的直播、视频号等现状做了分析,并制止了买粉、刷单行为。小兰团队明白了自己还在起步阶段,现在不仅要学直播、巧带货,还应该悟匠心,想要成为一位优秀的直播新媒体工作者,就应该更加了解直播行业的工作内容及相关要求。不能别人说什么,就去做什么,这样不但容易导致亏损,还有可能违法违规。

与直接投公域流量的成本高、效果不确定相比,小兰团队明白了现阶段做好私域流量的运营更容易通过激励引导消费者进行产品分享和通过熟人社交带来新的用户,所以与其花很多钱在茫茫人海中寻找自己的新客户,不如利用好老客户,激发他们拉新。当做好了私域运营,服务好老客户后,才能有效保留熟人流量,同时熟人通过社交带来新的客户,从而创造更大的价值。当然,也可以通过各种免费或者付费的方式来提升自己的排名,推广自己的产品,从而在拥有公域流量的平台上获得更多用户。

课后练习

一、单选题

(1)以下( )不属于淘宝平台付费推广。

A.直通车推广　　B.超级推荐推广　　C.投放 FEED 流　　D.钻展推广

(2)在平台中,每一个人都是创作者,可以直接拍摄视频并发布出去,其用户下沉度较高,用户数量多。这里讲的公域平台有可能是( )。

A.知乎　　　　B.抖音　　　　C.拼多多　　　　D.微信小程序

(3)下面关于私域流量和公域流量描述错误的是( )。

A.公域流量也称平台流量,它不属于单一个体,而是被集体所共有的流量

B.私域流量是一个社交电商领域的概念

C.公域流量成本高,现在很少企业做

D.私域流量刚开始都是从公域中获取的

二、判断题

(1)公众号利用内容去触达与沉淀用户,从而提升留存及转化。　　　　( )

(2)直播广场页、同城页、关注页、商品详情页都是抖音直播流量来源。　　( )

(3)服务号更适合内容运营,可以每天推送信息,订阅号功能更完善,更适合做裂变。

( )

三、简答题

(1)简述公域流量和私域流量定义。

(2)直播和视频发布后,简述抖音流量分发渠道特点。

四、实训题

小兰团队接到一个国潮零食铺准备进驻抖音平台的任务,需要帮助该店铺开展引流推广活动,提升粉丝黏性,提升直播间的人气。请根据所学知识,给国潮零食店设计引流推广计划。

工作任务一

开展直播复盘

任务情境

　　新手运营小兰和她的团队刚刚结束了团队的第一场直播,以为终于告一段落,可以休息一段时间,后来从前辈口中得知,此次直播效果不佳,未达到预期目标,需要对直播运营过程及直播数据效果进行全面复盘,找出本次直播的问题所在,避免问题再次发生。在复盘过程中,小兰及其直播团队发现直播后台的数据类型很多,不懂得如何进行数据归类,在数据分析的时候无从下手。本任务针对直播后的效果进行复盘,获取数据、整理与分析数据,结合人货场的复盘,总结出直播的优点与不足。

任务目标

通过本任务的学习与训练,应达到的具体目标如下:

素质目标

➢ 提高学生团队的合作能力。

➢ 培养学生认真、严谨、负责的工作态度。

➢ 培养学生发现问题、分析问题与解决问题的能力。

知识目标

➢ 了解直播复盘的思路。

➢ 熟悉直播数据复盘三步法。

➢ 熟悉直播数据的类别及包含的数据项目。

能力目标

➢ 懂得运用三步法完成直播数据复盘。

➢ 会进行直播数据项目的归类。

➢ 能在直播数据对比中分析潜在原因。

任务书 🛒

直播的结束并不意味着一场直播活动到达终点了,为了从本次直播中吸取经验教训,需要养成定时复盘的习惯。通过直播复盘,直播团队可以一起发现在直播运营过程中存在的问题,从而为直播优化提供依据,为日后的直播运营活动提供经验参考。为了帮助小兰及其团队积累经验,请同学们跟小兰一起来完成直播复盘任务吧。

小兰团队刚刚结束了"热带水果专场"直播,但是与预期目标(见图 5-1-1)存在差距,学习直播数据复盘三步法(见图 5-1-2),根据本场直播后台数据的截图(见图 5-1-3—图 5-1-6),进行整理、分析、总结,完成任务表。

①完整获取本场直播相关的数据,并了解获取数据的平台。

②筛选重要核心数据,并归类整理。

③结合预期目标进行分析,掌握其优点与不足。

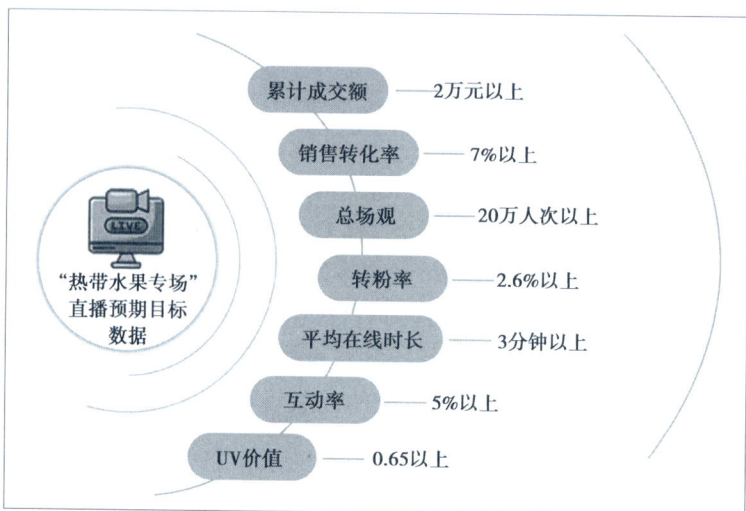

图 5-1-1 "热带水果专场"直播预期目标数据

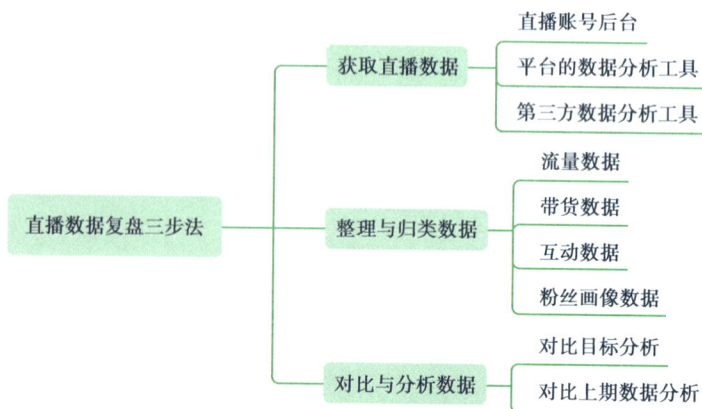

图 5-1-2 直播数据复盘三步法

图 5-1-3　直播数据概览

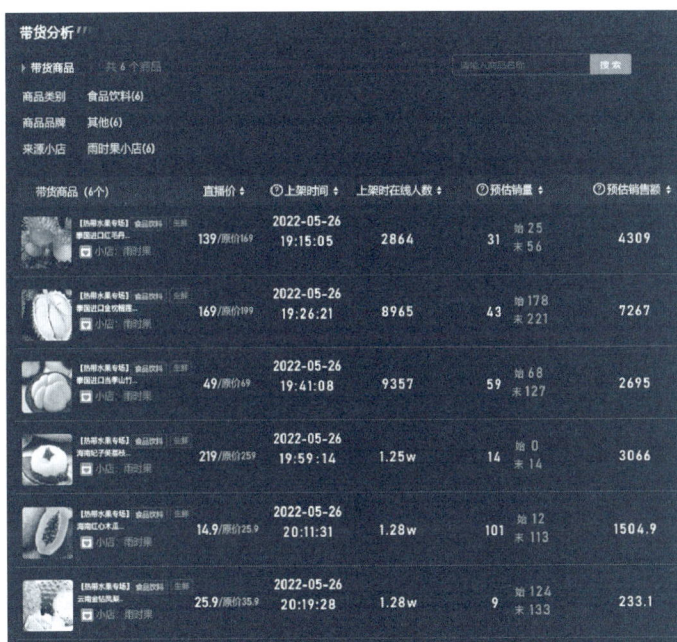

图 5-1-4　带货数据

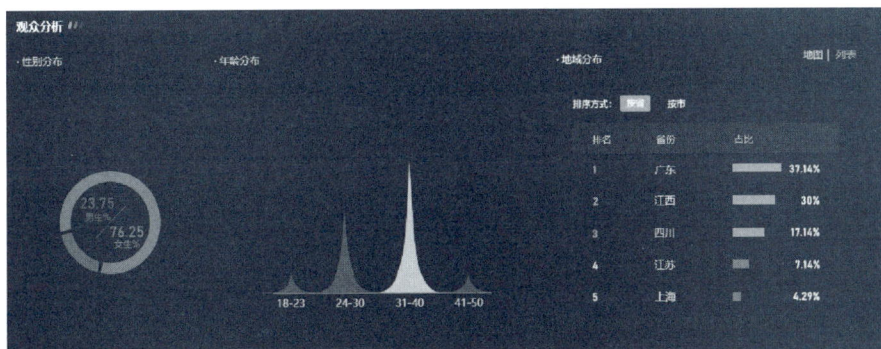

图 5-1-5　观众分析

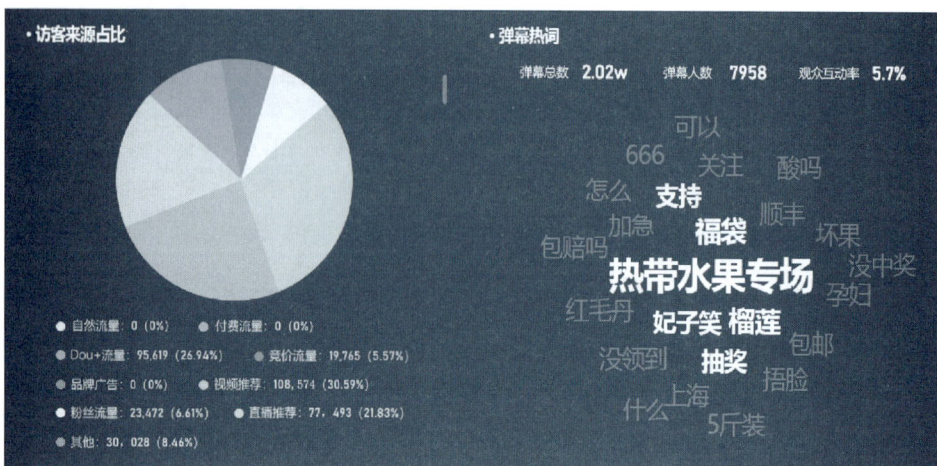

图 5-1-6　访客来源与热词

任务分组 🛒

　　根据直播数据复盘任务要求,请以每 4~5 位同学为一组,其中数据收集师 1 名,数据整理师 1 名,数据分析师 1~2 名,直播运营总监 1 名,完成表 5-1-1 直播数据复盘任务分配表。

表 5-1-1　直播数据复盘任务分配表

班级		组名		组长	
序号	组员	职能	任务分工明细		
1					
2					
3					
4					
5					

获取信息 🛒

引导问题 1

自主学习直播复盘的基础知识。

引导问题 2

自主学习直播数据复盘三步法,根据任务书,采用直播数据复盘法整理与归类数据并完善其各类别数据的下级目录,完成"整理与归类数据的三级目录思维导图"。

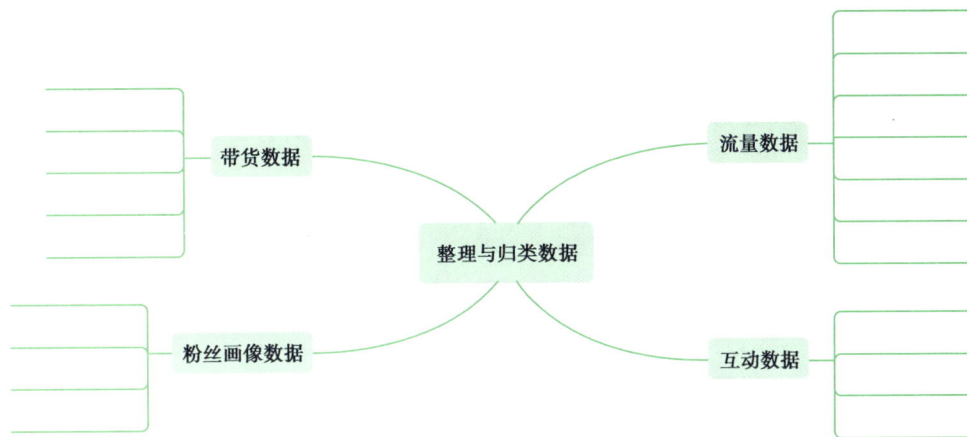

图 5-1-7　整理与归类数据的三级目录思维导图

知识窗

1.什么是直播复盘?

一场直播结束,并不意味着整场直播活动的结束,下播后直播运营团队还需要针对本场直播进行总结与复盘。

所谓直播复盘,是指直播运营团队在直播结束后对本次直播进行回顾,评判直播营销的效果,总结直播的经验教训,为后续直播提供参考。

2.直播复盘的思路

一般来说,直播复盘主要包含两方面:一方面是人货场的复盘;另一方面是直播数据复盘。而直播数据复盘是直播复盘中非常重要的一部分。

3.直播数据复盘三步法

直播数据复盘是直播运营中不可或缺的一部分,要想优化直播运营效果,直播运营团队必须掌握直播数据复盘。直播间运营数据复盘的基本思路为:

直播数据复盘
三步法

步骤 1:获取直播数据。

开展直播数据复盘,首先要有较全面的数据,直播运营团队可以通过直播账号后台、平台提供的数据分析工具及第三方数据分析工具来获取数据。

步骤 2:整理与归类数据。

获取数据后需要对数据进行整理、归类,以便更好地帮助后面的数据分析。根据直播运营的方向可将数据分为四个类别,分别是流量数据、带货数据、互动数据以及粉丝画像数据。

步骤 3:对比与分析数据。

在完成直播数据的整理和归类后,接下来就要对数据进行分析,而最常用的方法就是对比分析法。

▶**数据名词解释**

● **转粉率**:单场涨粉/观看人次计算而得,用以衡量本场直播观众的转粉情况。
● **销售转化率**:预估销量/观看人次,大致用以衡量直播间观众产生购买行为的可能性。
● **客单价**:预估销售额/预估销量计算而得,大致用以衡量单个购买者所能带来的交易金额。
● **预估销量**:商品销售额由直播价和销售量计算所得。由于抖音并不提供某场直播商品销量的具体数据,一般地,使用直播过程中监测到的末点商品销量与初始商品销量的差值来评估,可能与实际值存在一定差异。同理预估销售额也是如此(淘宝等购物平台提供具体数据)。

工作计划

根据工作任务书及所学直播数据复盘三步法,设计以下直播数据复盘工作计划表,见表 5-1-2。

表 5-1-2　直播数据复盘工作计划表

步骤 1:获取直播数据		
这一步可直接在任务书的数据截图中获取,为掌握获取数据的方法和途径,可以根据所提供的途径,进入相应的数据分析工具查看与学习		
步骤 2:整理与归类数据		
数据类型	数据名称	数值
流量数据		
带货数据		

数据类型	数据名称	数值
互动数据		
粉丝画像数据		
步骤3：对比与分析数据		
与预期目标数据对比		
与上期直播数据对比		

讨论决策

　　小组内讨论直播数据复盘计划，综合每位同学的意见，确定小组的组内方案，并完成表 5-1-3。

表 5-1-3　优化设计方案表

组内成员	遇到的难点及解决方法	优化设计方案

续表

组内成员	遇到的难点及解决方法	优化设计方案

工作实施 🛒

小组内每个同学根据设定好的岗位与分工,进行团队协作,完成"热带水果专场"直播数据复盘工作,完善工作任务表,见表5-1-4。

表 5-1-4　直播数据复盘工作

数据名称	本期数据	目标数据	与目标对比	与上期对比	分析潜在原因

知识窗 🛒

对比与分析数据——对比分析法

对比分析法也称比较分析法,一般指将两个或两个以上的数据进行对比,并分析数据之间的差异,从而了解直播效果的一种分析方法。

在直播数据复盘分析中,通常会进行两组数据对比:一组是与预期目标数据相对比,以了解此次直播效果是否达到预期目标,掌握哪些数据未达到指标,并分析其中的原因;另一组是与上一场直播数据进行对比,以了解两次直播中哪次效果更好,哪次直播的哪些数据更好,当时是怎么做到的,从而为日后的直播运营活动提供经验。

评价反馈 🛒

序号	评价项目	分值	自我评价（30%）		教师评价（70%）	
			小结	评分	点评	评分
1	任务完成情况	10				
2	团队合作情况	10				
3	获取直播数据	20				
4	整理与分析数据	30				
5	直播复盘表完成情况	30				
合计		100				

任务拓展 🛒

习近平总书记在党的二十大报告中指出,要全面推进乡村振兴。请你根据此前学过的直播技能,组建团队为你的家乡特产进行直播带货,并对直播后的数据效果进行复盘。

职场赋能 🛒

欧文是某电商企业的推广运营师,主要负责直通车的运营,一直都做得很不错。临近"6·18"大促,为了打造店铺新爆款,运营主管要求欧文通过直通车推一款新品,每天投入广告费限额为1 000元。欧文按照平时的操作设置好直播车计划,而且每隔半小时就会看一下数据,半天后,发现数据很可观,就没有一直跟进,到晚上才再去看数据结果,这一看,欧文傻眼了,怎么广告费花了 8 000 多元,返回去看才发现自己在设置直通车的时候多打了一个 0,导致广告费大大超出了原本的预算。欧文因为这件事被主管痛批了一顿,主管还说多花的广告费要用他的工资垫付。欧文对此表示不服,最后一气之下辞职了。

在大数据环境下,任何一个数据都是非常重要的,数据就是结果,企业领导都是只看结果的。因此,在直播数据复盘工作过程中,我们需要秉持认真负责的工作态度,不要小看任何一个数据的威力。在数据复盘过程中发现问题,用客观理性的态度分析问题,并寻求解决问题的方法,真正做到取其精华去其糟粕,让数据为我所用,这样才能给企业领导一个更好的数据结果。

课后练习

一、单选题

(1)直播复盘主要包含哪两方面?(　　)

A.人员复盘和货品复盘　　　　　　B.场景复盘和数据复盘

C.人员复盘和场景复盘　　　　　　D.人货场复盘和数据复盘

(2)以下关于直播数据复盘三步法的顺序,哪个才是正确的?(　　)

A.获取数据—整理与归类数据—对比与分析数据

B.获取数据—对比与分析数据—整理与归类数据

C.对比与分析数据—整理与归类数据—获取数据

D.对比与分析数据—获取数据—整理与归类数据

(3)以下哪些数据可以用来评判一场直播的效果?(　　)

A.转粉率　　　　B.销售转化率　　　　C.平均在线时长　　　　D.互动率

二、判断题

(1)所谓直播复盘,是指直播运营团队在直播结束后对本次直播进行回顾,评判直播营销的效果,总结直播的经验教训,为后续直播提供参考。(　　)

(2)一场直播结束,即意味着整场直播活动结束了。(　　)

(3)一般来说,直播复盘主要包含两方面:一方面是人货场的复盘;另一方面是直播数据的复盘。(　　)

三、问答题

(1)简单陈述直播数据复盘三步法。

(2)将常见的数据名称进行归类。

四、实训题

新抖是一个专业的直播数据平台,为了解当下直播的现状,小兰团队查看新抖直播排行榜的数据,完成当下榜一的主播直播复盘数据表,并分析其直播情况。

工作任务二
完成直播优化

任务情境

经过直播数据复盘,运营专员小兰及其直播团队意识到了"热带水果专场"直播的不足,为了给下一场直播提供经验参考,提升直播效果,小兰及其直播团队打算开个会议好好总结,优化直播。但在总结和优化过程中,整个总结会议毫无组织,她们发现大家都是只顾说自己的,七嘴八舌,优化思路很乱。有的人只根据数据来说,而有的人仅仅关注到整个过程中发生的问题。本任务针对直播后根据直播数据复盘结果,结合直播前准备及直播中人货场情况完成直播优化。

任务目标

通过本任务的学习与训练,应达到的具体目标如下:

素质目标

➢ 提高学生团队合作分工与协作能力。

➢ 培养学生公正客观看待问题的思维能力。

知识目标

➢ 知晓直播优化的含义和目的。

➢ 了解直播数据参考指标。

➢ 熟悉直播诊断的具体事项。

能力目标

➢ 会设计直播诊断优化表。

➢ 能使用直播诊断优化表完成直播优化工作。

➢ 能根据诊断结果给出优化与改进建议。

任务书 🛒

　　直播优化既是这一场直播的尾声，又是下一场直播的开端，每一场直播都能为下一场直播提供优化依据。为了越做越好，优化直播是直播活动中非常重要的一个环节。根据数据复盘结果，明白每一项数据指标背后的意义，并且要知道如何提升各项数据指标。运营专员小兰及其直播团队需要在优化中成长，请同学们跟小兰一起来完成直播优化任务吧。

　　执行完上一工作任务"数据复盘"后，小兰及其直播团队对她们本场直播的数据情况有了全面的了解，并大致分析了原因，现根据直播诊断思路（见图 5-2-1），结合直播数据参考指标（见图 5-2-2）及各个岗位员工的工作总结（见图 5-2-3—图 5-2-7）对整场直播进行诊断，完成直播诊断优化表。

　　①结合上一工作任务获取的数据，对比直播数据参考指标，了解本场直播所处的水平。

　　②根据工作总结，对本场直播进行全面的诊断。

　　③综合数据和人货场的诊断，对直播进行优化。

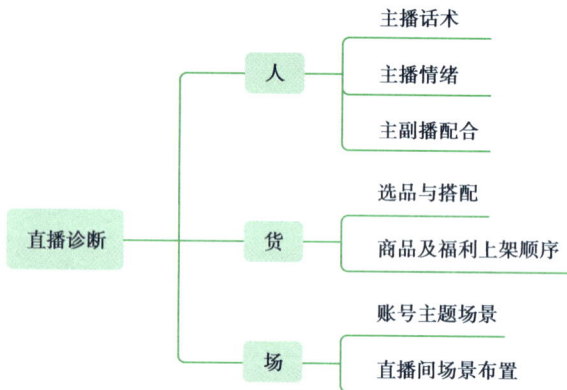

图 5-2-1　直播诊断思路

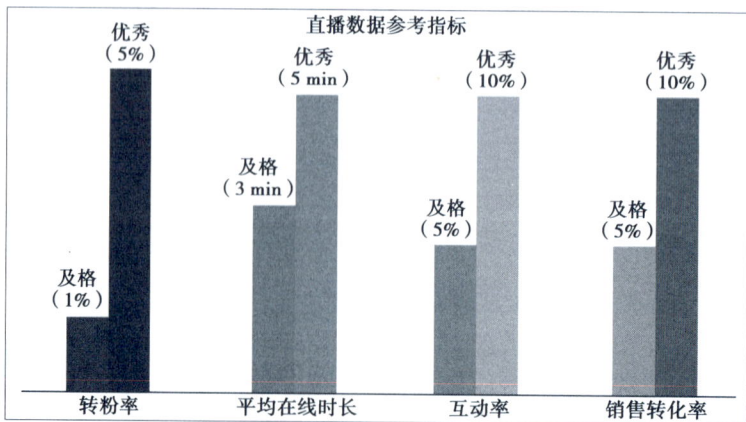

图 5-2-2　直播数据参考指标

策划小烨

虽然这个抖音号第一次开播，但是因为此前跟其他团队有过直播策划经验，本次基于这一抖音号原本积累的粉丝特征及季节特征，推出"热带水果专场"直播，现将本次直播的策划工作总结如下：

1.分析人群后，确定以20~40岁的女性朋友为主要人群，选定红毛丹、榴莲、山竹、荔枝、木瓜和菠萝作为本场直播的6款商品，并确定红毛丹和荔枝为利润款，榴莲和山竹为爆款，木瓜和菠萝为引流款；

2.定价方面，根据产品的品质，价格与市场价相比处于中上水平，因为本场直播重点在于品质营销，非价格战；为了吸引粉丝和新客户朋友，也设置了很多如福袋抽奖等互动福利来增加直播间的活跃度；

3.渠道引流投放方面，重点通过视频和直播推荐进行引流，适当投放Dou+，流量数据反馈不错，粉丝回流效果也很好，因为缺少广告投入，所以没有出现流量暴增的情况；

4.直播中，公屏弹幕控制和引导。

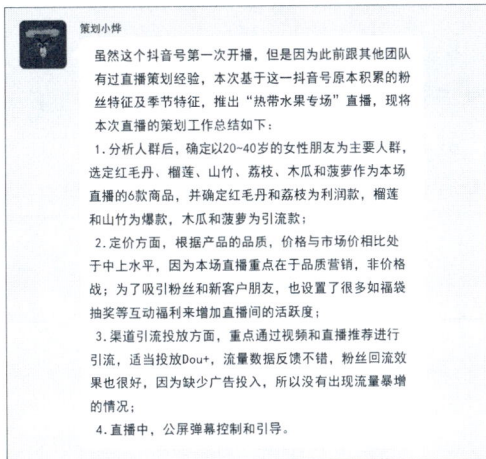

图 5-2-3　策划小烨的工作总结

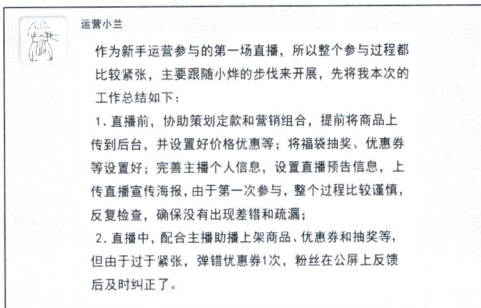

运营小兰

作为新手运营参与的第一场直播，所以整个参与过程都比较紧张，主要跟随小烨的步伐来开展，先将我本次的工作总结如下：

1.直播前，协助策划定款和营销组合，提前将商品上传到后台，并设置好价格优惠等；将福袋抽奖、优惠券等设置好；完善主播个人信息，设置直播预告信息，上传直播宣传海报，由于第一次参与，整个过程比较谨慎，反复检查，确保没有出现差错和疏漏；

2.直播中，配合主播助播上架商品、优惠券和抽奖等，但由于过于紧张，弹错优惠券1次，粉丝在公屏上反馈后及时纠正了。

图 5-2-4　运营小兰工作总结

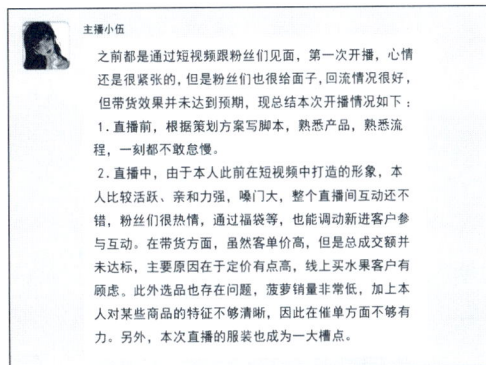

主播小伍

之前都是通过短视频跟粉丝们见面，第一次开播，心情还是很紧张的，但是粉丝们也很给面子，回流情况很好，但带货效果并未达到预期，现总结本次开播情况如下：

1.直播前，根据策划方案写脚本，熟悉产品，熟悉流程，一刻都不敢怠慢。

2.直播中，由于本人此前在短视频中打造的形象，本人比较活跃、亲和力强，嘴门大，整个直播间互动还不错，粉丝们很热情，通过福袋等，也能调动新进客户参与互动。在带货方面，虽然客单价高，但是总成交额并未达标，主要原因主要在于定价有点高，线上买水果客户有顾虑。此外选品也存在问题，菠萝销量非常低，加上本人对某些商品的特征不够清晰，因此在催单方面不够有力。另外，本次直播的服装也成为一大槽点。

图 5-2-5　主播小伍工作总结

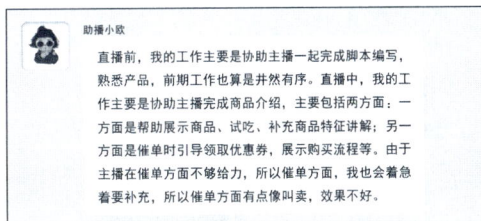

助播小欧

直播前，我的工作主要是协助主播一起完成脚本编写，熟悉产品，前期工作也算是并然有序。直播中，我的工作主要是协助主播完成商品展示，主要包括两方面：一方面是帮助展示商品、试吃、补充商品特征讲解；另一方面是催单时引导领取优惠券，展示购买流程等。由于主播在催单方面不够给力，所以催单方面，我也会着急着要补充，所以催单方面有点像叫卖，效果不好。

图 5-2-6　主播小欧工作总结

美工小粉

基于"热带水果专场"这一主题，在设计过程中主要选取绿色作为主色调，体现出绿色清新原生态的感觉。如这一张直播封面图，以绘制的果园为背景，主播助播手提水果篮展示商品，搭配简单的文案，将本场直播的主题充分展示出来。其他直播宣传图和商品主图，也是配合这样的方式予以展现。根据粉丝的点击反馈，本场直播设计的图片还是很受欢迎的。

除了设计线上的各类图片外，直播间场景布置也是由我来设计的，以大屏展示背景，并在主播讲解各个商品时，展示商品主图和优惠价，在主播助播面前摆放水果样品，不完全展示，一方面保持商品的神秘感，另一方面也丰富了直播画面展示，如果多点叶子点缀会更好些。

图 5-2-7　美工小粉工作总结

任务分组

根据直播优化任务要求,请以每 5 位同学为一组,主播 1 名,助播 1 名,策划推广 1 名,美工 1 名,运营 1 名,完成直播优化任务分配表(见表 5-2-1)。

表 5-2-1　直播优化任务分配表

班级		组名		组长	
序号	组员	职能		任务分工明细	
1					
2					
3					
4					
5					

获取信息

引导问题 1

自主学习直播优化的含义与目的,并尝试归纳,完成图 5-2-8。

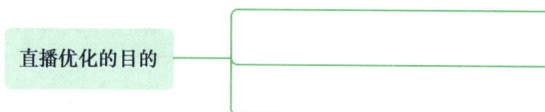

图 5-2-8　直播优化的目的

引导问题 2

自主学习人货场复盘思路,并思考这一思路跟直播优化有何关系?

知识窗

1.直播优化的含义和目的

(1)直播优化的含义

直播优化是上一场直播的结束,也是下一场直播的开端,是两场直播的连接点。

直播优化,顾名思义,在原本直播的基础上进行优化,基于直播数据的反馈和团队经验总结,优化直播前各项准备工作以及直播中各项实施工作,为后续的直播实践提供经验参考。

(2)直播优化的目的

直播优化的目的在于使后续的直播做得更好,主要有以下三方面的目的:

①避免再次出现同样的问题。从直播前的策划等准备工作到直播中各项工作的实施,多多少少会存在一些做得不够完美的地方,也有可能出现失误,或对于突发情况未能很好地应对,把整个直播过程中存在的不足记录下来,并想好相应的改进措施或应对措施,为下一场直播策划和实施提供经验教训。

②继续发挥本场直播的优势。每一场直播都或多或少存在值得借鉴参考的优点,通过对比直播数据及粉丝反馈,掌握直播中的优点,并记录下来,为后续的直播提供有价值的参考。

③有针对性地提高各项直播数据指标。数据是最直接体现直播效果的依据,将数据与直播数据参考指标相对比,了解直播所处的水平,结合人货场的总结和复盘,分析其中的原因,针对各项数据思考提升的措施和方法,为下一次直播提供方向。

2.人货场复盘思路

(1)人员复盘

①主播:复盘直播过程中的话术、产品讲解、控场情况等;

②场控:复盘直播中的实时目标关注,突发事件预警等;

③助理:复盘商品上下架,关注直播间设备,与主播配合等;

④运营:复盘预热视频的准备和发布,直播广告的投放操盘问题等;

⑤客服:复盘活动福利说明以及可能存在的售后问题,直播过程中回答粉丝的提问等;

⑥团队:团队配合是否到位,是否出现问题等。

(2)货品复盘

①选品逻辑是否合理;

②引流款、利润款、主推款等的分配是否合理;

③商品上架流程的安排是否合理。

(3)场景复盘

①场地布置是否合理;

②直播间背景是否合理;

③直播间灯光及直播设备使用是否合理;

④商品陈列是否突出,有吸引力。

3.直播海报的诊断标准

● 构图:构图就是背景、Logo、文字、图片等元素在海报中的位置和组合。通过对构图的平衡、比例、虚实、韵律和分割等进行不同的设计,可以形成独特的视觉效果,达到突出主体、吸引视线、层次分明、均衡和谐的作用。

● 字体:字体创意设计和排版也是海报的重点,在同一版面中不宜选择过多的字体,最好不超过三款。字体风格过多容易导致凌乱、缺乏重点,应选择同风格不同字重的字体加以区分突出,这样既美观,又能清晰表达营销意图。

- **文案**：赏析海报时要分析文案内容与海报主题是否一致。在撰写海报文案之前，首先要搞清楚受众群体是谁？文案的目的是什么？如何融入所设计的海报？弄清楚这些我们才能够找准写文案的方向。

- **色彩**：设计中良好的色彩运用，可以提升整个海报作品的美观度，凸显主题，营造氛围。赏析海报的时候应该观察其配色与主题是否一致，例如有的人做秋分的海报，却选择了以红色为主色，那就是不符合的。

请根据所学设计知识与诊断标准，诊断图 5-2-7 中出现的直播封面图，完成表 5-2-2。

表 5-2-2　直播封面图诊断

诊断元素	诊断标准	诊断结果
构图		
字体		
文案		
色彩		

工作计划

仔细揣摩工作任务书中各个岗位的工作总结，结合所学的直播诊断事项，设计"热带水果专场"的直播诊断计划表（见表 5-2-3）。

表 5-2-3　"热带水果专场"的直播诊断计划表

步骤 1：填写直播基本信息			
基本信息	直播主题		
	直播商品		
	直播时间		
步骤 2：数据诊断			
数据项	数值	诊断标准	诊断结果

续表

步骤3：人货场诊断				
	诊断大类	诊断事项	诊断标准	诊断结果
人				
货				
场				

讨论决策 🛒

小组内讨论直播诊断计划，综合每位同学的意见，确定小组的组内方案，完成表 5-2-4。

表 5-2-4 优化设计方案表

组内成员	遇到的难点及解决方法	优化设计方案

续表

组内成员	遇到的难点及解决方法	优化设计方案

工作实施 🛒

　　小组内每个同学根据设定好的岗位与分工,进行团队协作,使用 Excel 表格完成"热带水果专场"直播诊断和优化工作,并完成表 5-2-5。

表 5-2-5　直播诊断和优化工作

直播诊断优化表					
基本信息	直播主题				
	直播商品				
	直播时间				
数据诊断	数据项	数值	诊断标准	诊断结果	改进与优化
	转粉率				
	平均在线时长				
	互动率				
	销售转化率				

续表

	诊断大类	诊断事项	诊断标准	诊断结果	改进与优化
人					
货					
场					

知识窗

直播诊断

直播诊断是帮助直播复盘和优化的具体实施方法，直播诊断针对整个直播过程中每一项关键工作进行记录、诊断并改进，能有效帮助完成直播优化。一般情况下，直播诊断会通过表格来实现记录、诊断和改进，使整个过程更加清晰，团队的执行思路也会更加明确。

直播诊断包含整个直播过程的方方面面，所以需要根据整个直播过程的工作内容细分诊断事项，具体有以下几项：

（1）主播话术方面，包含直播间互动话术、直播间产品话术及直播间黏粉话术，主要诊断话术方面表达的信息是否全面，话术设计是否合理，主播对话术内容是否熟悉，是否吸引人。

（2）主播情绪方面，主要诊断主播的表情是否控制得当；主播的肢体语言是否配合到位，有无增强感染力；主播的声音是否有朝气有活力；主播的妆容服饰是否得体大方。

（3）主播助播配合方面，主播是否能有效把控直播节奏，助播是否能及时补充和配合，主播助播的配合默契如何，是否出现抢词现象等。

（4）商品方面，直播间所推的商品是否有吸引力，商品组合搭配如引流款、利润款和爆款等是否合理。商品上架顺序是否正确，上架是否及时有效等。

（5）账号主题场景方面，账号昵称、个人简介、个人页主图等是否合理，是否存在违规信息；直播间公屏是否有引导和控制；私信自动回复是否有设置，设置是否合理等。

（6）直播间场景布置方面，直播画面是否清晰、稳定，构图是否合理，直播基本设备是否准备完全，直播间场景布置是否符合主题风格，直播间商品陈列是否整齐有重点，直播间是否准备有烘托气氛的道具等。

另外，还有数据诊断，可以根据直播数据参考指标进行基本的判断，以帮助了解本场直播所处的水平。

评价反馈

序号	评价项目	分值	自我评价（30%）		教师评价（70%）	
			小结	评分	点评	评分
1	任务完成情况	10				
2	团队合作情况	10				
3	设计直播诊断表	20				
4	优化直播诊断表	30				
5	完成优化与改进	30				
	合计	100				

任务拓展

请你接着工作任务一的活动拓展，用在本工作任务中所学的方法和技能完成直播优化。

职场赋能 🛒

　　肖恩是网店运营新手,他辞掉了原本实体店销售员的工作,开起了属于自己的网店卖口红。他边学习边运营,上架商品很勤快,也试着做直通车,经过了5天的努力,他终于出单了。他很开心,心里还挺有成就感的。后来的每天,他都有出单,经过两个月的运营,他第二个月的月销售额已经达到了5 000多元,看着数据越来越大,他的心里美滋滋的。于是他停掉了直通车,觉得自己已经有一批客户了。但当他与同期开店的朋友做数据对比时,才发现自己的数据并不理想,而且想想自己这两个多月,其实是入不敷出的。经过对比和总结,肖恩不再满足于现状,他决定重启直通车,努力打造店铺的爆款,再加上勤上新,渐渐地,他在渐入轨道的运营生活中找到了动力,他不再因为一点点的数据提升而沾沾自喜,而是看到数据后立刻找原因,及时改正数据下降时的误区,抓住数据上升时的机会。经过半年时间的努力,肖恩已经是一个拥有10多名员工的小老板了。

　　是的,标准就像一杆秤,起着举足轻重的作用,肖恩因为及时调整了自己参考的标准,他才能越做越好。因此,在做直播诊断时,也是要公正、客观地制订每一个诊断事项的标准,帮助我们更准确地把控直播的效果,不夸大不贬低,只有诊断结果对了,我们在优化改进时才能真正做到对症下药。

课后练习 🛒

一、单选题

(1)直播优化的目的不包括哪一项?(　　)

　　A.避免再次出现同样的不足

　　B.继续发挥本场直播的优势

　　C.看看自己做得有多好

　　D.有针对性地提高各项直播数据指标

(2)直播间互动话术属于哪一类的诊断事项?(　　)

　　A.人　　　　　　B.货　　　　　　C.场　　　　　　D.以上均不是

(3)以下哪个数值是转粉率的优秀级别?(　　)

　　A.1%　　　　　　B.3%　　　　　　C.5%　　　　　　D.10%

二、判断题

(1)直播优化是上一场直播的结束,也是下一场直播的开端,是两场直播的连接点。

(　　)

(2)继续发挥本场直播的优势不是直播优化的目的。　　　　　　　　　　(　　)

(3)直播优化,顾名思义,在原本直播的基础上进行优化,基于直播数据的反馈和团队经验总结,优化直播前各项准备工作以及直播中各项实施工作,为本场的直播实践提供经验参考。

(　　)

三、问答题

（1）简述直播优化的目的。

（2）简述直播诊断的诊断事项。

四、实训题

小兰团队在做完贵州榕江某地区百香果的专场直播后进行了全面复盘，并根据所学的直播优化技能完成了本场直播优化。